できたよ ★ シート

べんきょうが おわった ページの ばんごうに
「できたよシール」を はろう!

なまえ

スタート　がんばるぞ!

1　2　3　4

\かくにんテスト/
9　8　7　6　5

その ちょうし!

\かくにんテスト/
10　11　12　13　14

はんぶんを
すぎたよ!

19　18　17　16　15　\かくにんテスト/

\かくにんテスト/　\ぜんかん字テスト/　\ぜんかん字テスト/　\ぜんかん字テスト/
20　21　22　23　24　25

あと ちょっと!

30　29　28　27　26

\先どりテスト/
31　32　33

ゴール

JN040243

1年もっとかん字力

やりきれるから自信がつく！

＞ 1日1枚の勉強で、学習習慣が定着！

◎目標時間に合わせ、無理のない量の問題数で構成されているので、「1日1枚」やりきることができます。

◎解説が丁寧なので、まだ学校で習っていない内容でも勉強を進めることができます。

＞ すべての学習の土台となる「基礎力」が身につく！

◎スモールステップで構成され、1冊の中でも繰り返し練習していくので、確実に「基礎力」を身につけることができます。「基礎」が身につくことで、発展的な内容に進むことができるのです。

◎教科書の学習ポイントをおさえられ、言葉の力や表現力も身につけられます。

＞ 勉強管理アプリの活用で、楽しく勉強できる！

◎設定した勉強時間にアラームが鳴るので、学習習慣がしっかりと身につきます。

◎時間や点数などを登録していくと、成績がグラフ化されたり、賞状をもらえたりするので、達成感を得られます。

◎勉強をがんばると、キャラクターとコミュニケーションを取ることができるので、日々のモチベーションが上がります。

使い方

※本書では、一般的な教育用の漢字の字形を使用しています。お使いの教科書の漢字の字形と異なる場合があります。

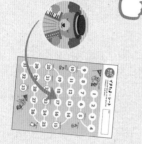

④ アプリに得点を登録しましょう。

・アプリに得点を登録すると、成績がグラフ化されます。
・勉強すると、キャラクターが育ちます。

③ できたら、「できたよページ」にシールをはりましょう。

・勉強した回の番号のところに、好きなシールをはりましょう。

② おうちの方に、答え合わせをしてもらいましょう。

・本さつの最後に、「答えとアドバイス」があります。
・答え合わせをして、点数をつけてもらいましょう。

・「テスト」には、その学年で学習する重要な漢字の問題にチャレンジします。

・「まとめテスト」では、その学年で学習する全ての漢字を確認します。

・「まとめテスト」には、その学年の内容が身についたか、確認できる問題を集めています。

音読みはカタカナ、訓読みはひらがなで表しています。送りがなは（ ）の中に入っています。
赤い字は、小学校では習わない読み方です。

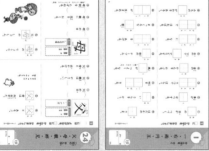

① 1日1枚、集中して解こう。

・1日分は1枚で、表と裏（おもて・うら）になっています。

◎ 目標時間を意識して使うと、より効果的です。
・アプリのストップウォッチなどで、時間をはかりながら解きましょう。

二年生の漢字の先どりも！

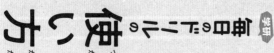

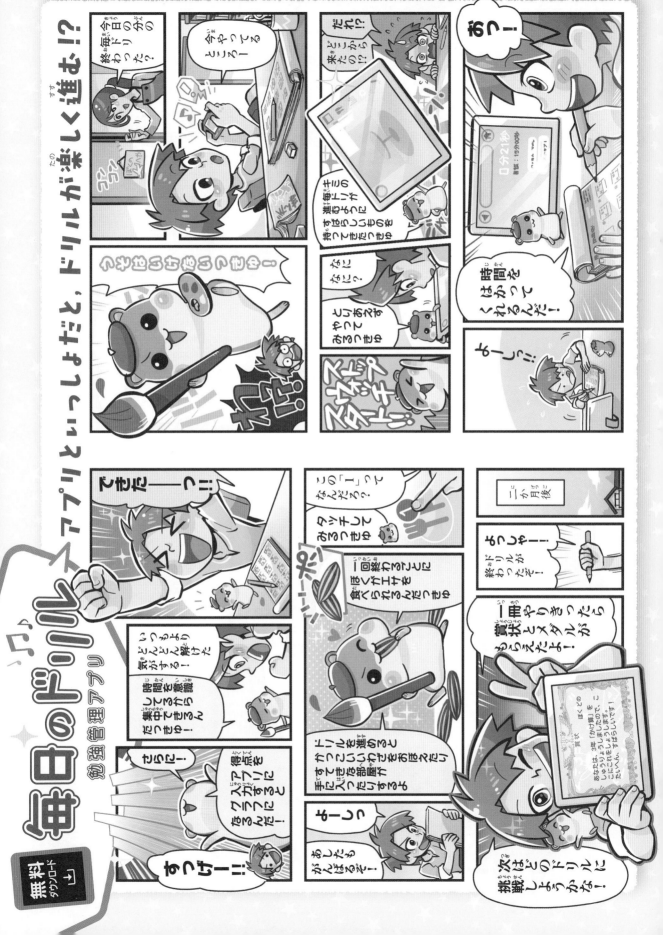

♪毎日のドリル♪ 勉強管理アプリ

「毎日のドリル」シリーズ専用、スマートフォン・タブレットで使える無料アプリです。
1つのアプリでシリーズすべてを管理でき、学習習慣が楽しく身につきます。

1 「毎日のドリル」の学習を徹底サポート！

毎日の勉強タイムを
お知らせする
[タイマー]

かかった時間を計る
[ストップウォッチ]

勉強した日を記録する
[カレンダー]

入力した得点を
グラフ化する
[グラフ化]

毎日つづけて日本記録を更新しよう！

2 キャラクターと楽しく学べる！

好きなキャラクターを選ぶことができます。勉強をがんばるとキャラクターが育ち、「ひみつ」や「ワザ」が増えます。

3 1冊終わると、ごほうびがもらえる！

ドリルが1冊終わるごとに、賞状やメダル、称号がもらえます。

これは やる気が
でちゃうぞ！

4 漢字と英単語のゲームにチャレンジ！

ゲームで、どこでも手軽に、楽しく勉強ができます。漢字は学年別、英単語はレベル別に構成されており、ドリルで勉強した内容の確認にもなります。

自己ベスト更新を目指そう！

漢字のよみがなを当てよう

単語のいみを当てよう

アプリの無料ダウンロードはこちらから！

https://gakken-ep.jp/extra/maidori/

【推奨環境】
■各種Android端末：対応OS Android6.0以上
■各種iOS（iPadOS）端末：対応OS iOS10以上

※対応OSであってもIntel CPU（x86 Atom）搭載の端末では正しく動作しない場合があります。※対応OS や対応環境については、各ストアでご確認ください。

※お客様のネット環境および携帯端末によりアプリをご利用できない場合、当社はその責任を負いかねます。
また、事前の予告なく、サービスの提供を中止する場合があります。ご注意、ご了承いただけますよう、お願いいたします。

1 □に かん字を かきましょう。

一つ2てん〔32てん〕

① □（あめ）の 日が つづく。

② 車が □（う）せつ する。

③ □□（せん・えん）だして はらう。

④ 金の □（おう）かんを かぶる。

⑤ 木の 下で □（あま）やどりする。

⑥ □□（いち・がつ）に なる。

⑦ □□（ひと・くち）で ほおばる。

⑧ みちの □（みぎ）がわを あるく。

⑨ はだかの □（おう）さま。

⑩ □（まる）い テーブルを かこう。

⑪ 竹だけを □□（いっ・ぽん）きる。

⑫ 風□（う）が つよく なる。
＊風雨…かぜと あめ。

⑬ □（えん）形の テーブル。

⑭ □□（みぎ・て）を あげる。

⑮ まっくろな □（あま）雲。

⑯ □□（おう・じ）が 生まれる。

5

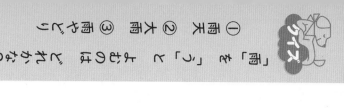

2　□に かん字を かきましょう。

〔かきとり〕〔おぼえる〕

⑨ [　] が のきに ぶらさがる。

⑧ [　り じょう てん　] は らい。

⑦ あおぞらを [　と ひ　] つ。

⑥ [　あ き　] する 人たち。

⑤ [　い ち てん　] に たり。

④ [　ひ てん　] の日。
※うてん…あめの ふる 天気。

③ いち[　ち　]ばんに なる。

② [　じ ょ こう　] の こへ。

① [　みず き　] で たつ。

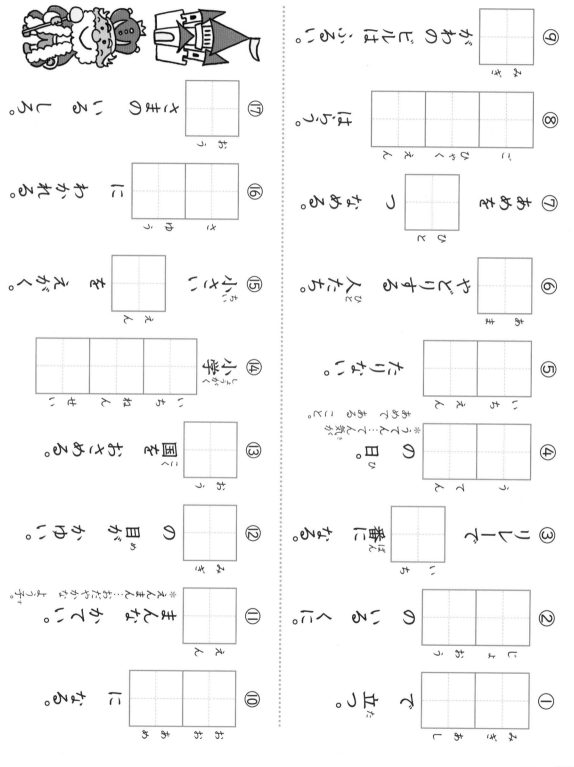

⑰ xxx の にもし。

⑯ [　き ゆう　] に わかれる。

⑮ [　ち　] にさを を かえへ。

⑭ 小学校[　に は ね ち　]

⑬ [　お　] 国に おさめる。

⑫ [　み ぎ　] の目が かゆい。

⑪ [　え てん　] まんて ...
※えんまん…おだやかに まとまって いること。チ

⑩ [　お あ お　] に なる。

1 ◻︎に かん字を かきましょう。

1つ2てん〔32てん〕

① たいこの ◻︎（おと）が ひびく。

② ◻︎◻︎（かわしも）まで いく。
※かわしも…水が ながれて いく ほうの かわの ほう。

③ ◻︎（かい）を たべる。

④ ばらの ◻︎◻︎（はな）が さく。

⑤ 山を ◻︎（お）りる。

⑥ ろうそくの ◻︎（ひ）を けす。

⑦ ◻︎（か）だんに たねを まく。

⑧ ラジオにでんち ◻︎◻︎（おん）が 入る。

⑨ ◻︎（か）らを あつめる。

⑩ 地 ◻︎（か）この ホーム。

⑪ ◻︎（か）じに なる。

⑫ うつくしい ◻︎◻︎（おん）楽。

⑬ ◻︎（ひ）で あたたまる。

⑭ まき ◻︎（が）いを ひろう。

⑮ おやしいもの ◻︎◻︎（おと）。

⑯ おし ◻︎◻︎（ばな）を つくる。

クイズ

「火」を「ひ」と よむのは どれかな？
①たき火 ②火じ ③火花

2 □に かん字を かきましょう。

1ねん→2ねん[かん字]

① ひ[　]はな が 出る。

② かぜ の [音]おと。

③ ゆう[方]がた に なる。きれいな そら。

④ ふうせん に [空]き を いれる。

⑤ はくしゅ を [花]か こ する。

⑥ か[　]ぺっと …… おやの びょうき。ちえを かして。

⑦ ひにちを かぞえ ゆたかに くらす です。

⑧ おおきに はこにに はいる [　]だ。

⑨ メロン の[　]は な び。

⑩ ギ[　]ー の 色。ね

⑪ おとが [　]か ひびく。…… ねいろが へんか。

⑫ 明日は 日曜日だ。[　]か

⑬ 木の [　]し た で 休む。

⑭ [　]お し と かんがえる。きょうかしょ。

⑮ か[　]は し た こ。き

⑯ [　]は な び おがる。

⑰ スペース の [　]は なじ じ け。

* 「じゅ」「ぎょ」「じょ」 はひょうけ こうの だいに なります。

字・気・九・休・玉

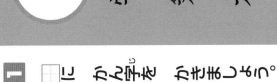

1 □に かん字を かきましょう。　1つ2てん[32てん]

① こくごを 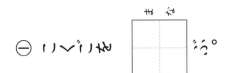［まな］ぶ。

② よるの 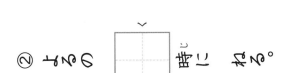［く］時に ねる。

③ 元気［げん］ よく こたえる。

④ あしたは ［きゅう　じ　つ］だ。

⑤ ［め　だ　ま］かきを つくる。

⑥ あたらしい ［け］はいが する。
　*けはい…なんとなく かんじられる ようす。

⑦ こえが 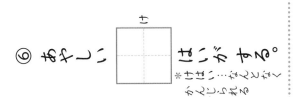［きゅう］けん ならぶ。

⑧ ベンチで 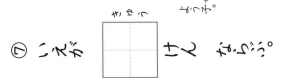［ひと　やす］み。

⑨ たのしい 夏［なつ］ ［やす］み。

⑩ こちらが ［いい］つ。

⑪ おなじ 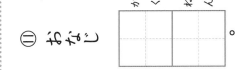［がく　ねん］。

⑫ ［く　がっ］が おわる。

⑬ 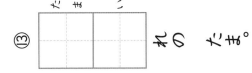［だ　ま　い］れの だま。

⑭ 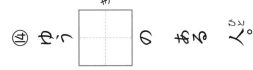［ゆう　き］の ある 人［ひと］。

⑮ からだを ［やす］める。

⑯ あるこ と 通［とお］ ［がっ　く］する。
　*通が く…がっ校に かよう こと。

クイズ

「九」を「く」と「きゅう」と よむのは どれかな？
① 九けん　② 九日　③ 九月

こたえ ▶ 71ページ

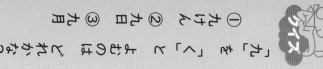

2 □に かん字を かきましょう。

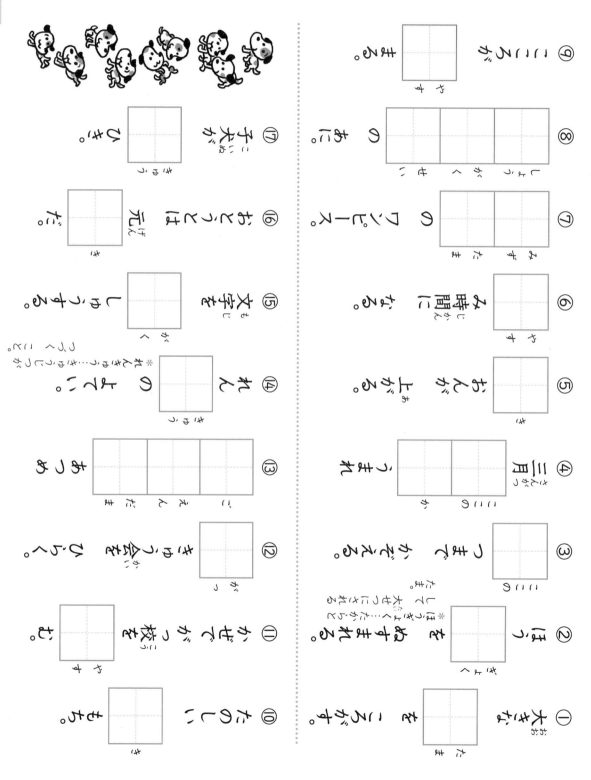

① 大きな □（き）が たっている。

② ほう□（せき）を ぬすまれる

③ □（の）川 まで およげる。

④ 三日月 が □□。

⑤ おんが □（き）が 上がる。

⑥ みじかい 時間に □が なる。

⑦ □（みせ）の コンビニ。

⑧ □□の おに。

⑨ □□□ が ます。

⑩ たのし □（き）。

⑪ かぜで がっこうを □（やす）む。

⑫ きゅう□（かい）。

⑬ あし □□□。

⑭ れん□ のよう。

⑮ 文字を □しゅうする。

⑯ おとこは □（げん）元気だ。

⑰ 子犬が □（ひき）。

4 かん字を かく

金・空・月・犬・見

1　マスに かん字を かきましょう。

1つ2てん[32てん]

① 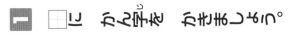　[きん] 曜（よう）びは 雨（あめ）だった。

② 右（みぎ）の ほうを [み]る。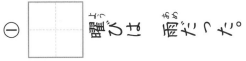

③ すきとおった [おおぞら]。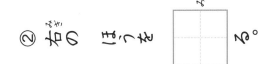

④ [けん]を はっぴょうする。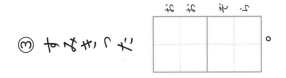

⑤ [いぬごや]を つくる。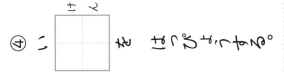

⑥ となりの せきが [あ]く。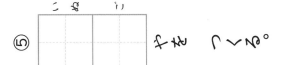

⑦ [かな]もので くぎを うつ。

⑧ [つきひ]を かさねる。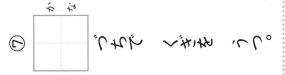

⑨ [くうき]を 入れる。

⑩ [にがつ]は さむい。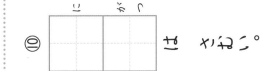

⑪ 番（ばん）[けん]が はえる。
　＊番けん…こえの はりを する 犬。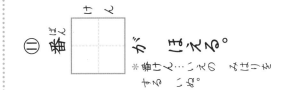

⑫ [きん]の ゆびわを する。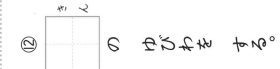

⑬ [はなみ]に いく。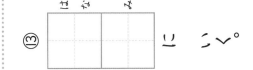

⑭ [つき]の ひかり。

⑮ せまい [あき]地（ち）。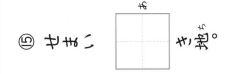

⑯ [かね]もちの 人（ひと）。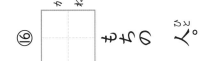

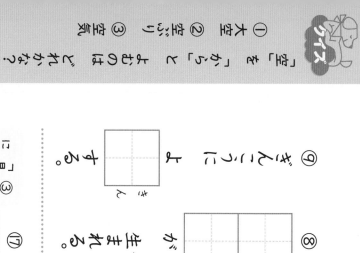

クイズ
「空」を「から」と よむ ことばは どれかな？
① 大空　② 空ぶり　③ 空気

2 □に かん字を かきましょう。

1かい5てん【85てん】

① □ター が かいしゃする。

② きれいな □ん。

③ □ん□ の ちょうし。

④ □ん は きれいな ことばだ。

⑤ 天文台を □んきゅうする。

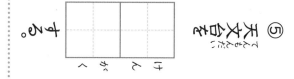

⑥ もくてき の □ん へ いく。

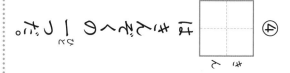

⑦ コップ が □かに なる。

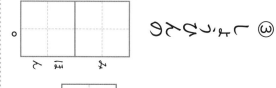

⑧ □に □ね が 生まれる。

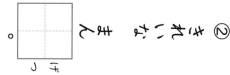

⑨ きんに □ を つける。

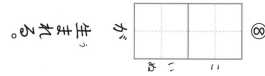

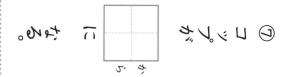

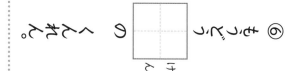

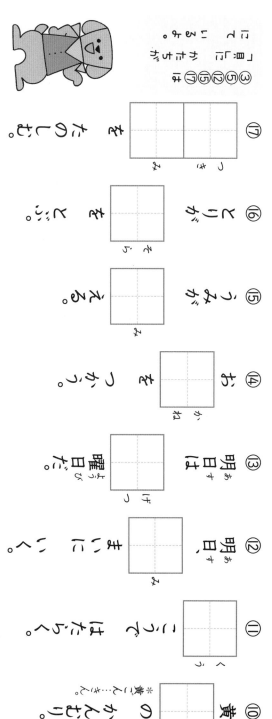

⑩ 黄□の □んだ。
※「黄…」は「き」とよみます。

⑪ □□で はこだ。

⑫ 明日 □に はこびます。

⑬ 明日は □曜日だ。

⑭ □ん を ひらく。

⑮ □□が みえる。

⑯ □□を たべる。

⑰ □□を のむ。

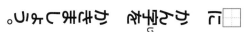

1 □に あてはまる かん字を かきましょう。　1つ4てん【40てん】

①  の ブラウス。

② 明日から  だ。

③  を 見上げる。

④ みちを  せつる。

⑤  の 村。

⑥ えんぴつが  。

⑦ きゅうに  が ふり出す。

⑧ かれは 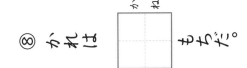 もちだ。

⑨  さまが うみに のる。

⑩ 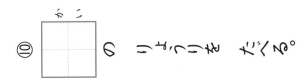 の りょうりを だべる。

2 ──せんの ことばを、かん字と ひらがなで かきましょう。　1つ5てん【15てん】

① くりを <u>ここのつ</u> ひろった。　（　　　　　）

② えこいを <u>まなぶ</u>。　（　　　　　）

③ つかれた からだを <u>やすめる</u>。　（　　　　　）

13

4 ──せんの かんじの よみがなを かきましょう。 1つ3てん[24てん]

① 黄金（　）の
　金（　）いろ。

　金（　）を つけて
　いく。

② 足（　）音を
　けす。

　音楽（　）を
　きく。

③ 人（　）の
　気（　）もちを
　かんがえる。

　気（　）が
　つく。

④ かんがえの
　下（　）の ぶん。

　かんがえを
　下（　）る。

　とくべつな
　音（　）色。

⑤ 千円（　）さつが
　こまる。

　円（　）い
　おさら。

3 □に あてはまる かんじを □から えらんで かきましょう。 1つ3てん[12てん]

① か□し□に
　一番に
　□□を
　きめる。

② 今日は
　□曜日だ。

　□□に
　あそびに
　いきます。

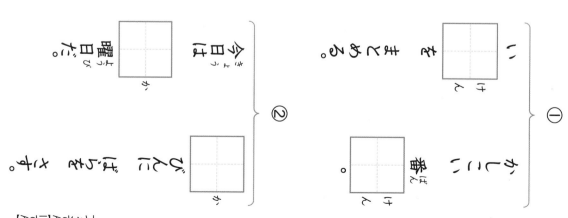

14

6

五・口・校・左・三

1 □に かん字を かきましょう。　1つ2てん[32てん]

① [ひだり][て] □□ てを もつ。

② [ご] □ と 一(いち)を 足(た)す。

③ [ひだり] □ の ほうを むく。

④ [こう] □ 歌(うた)を えんそうする。

⑤ こどもが [さん][にん] □□ 。

⑥ [くち] □ ふえを ふく 男(おとこ)の子(こ)。

⑦ [こう] □ こうに あつまる。

⑧ [ご] □ つ かぞえる。

⑨ えきの かいさつ[ぐち] □ 。

⑩ [ご] □ ひきの あり。

⑪ 台(だい)の [さん] □ トラック。

⑫ びんの [くち] □ を しめる。

⑬ [ひだり] □ がわに いる ひと。

⑭ きょうは [こう][か] □□ だ。

⑮ ほそい [み][か][づき] □□□ 。

⑯ [じん][こう] □□ が ふえる。
*じんこう…すんでいる ひとの かず。

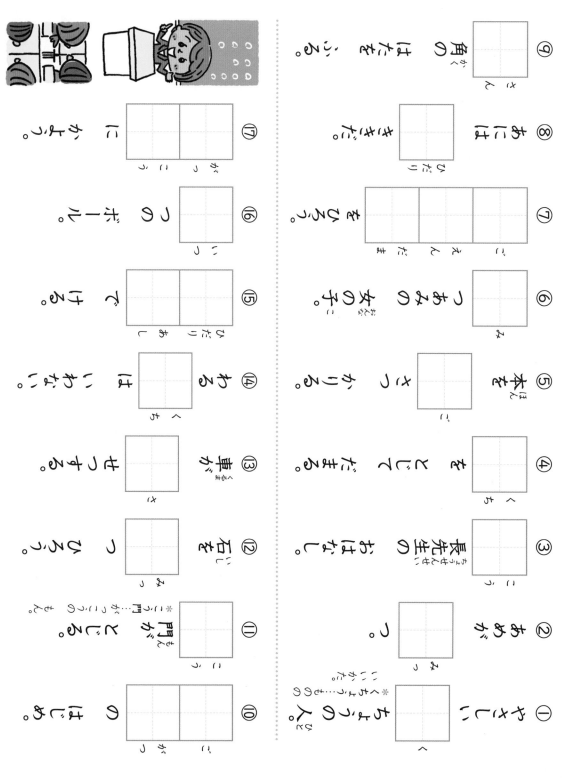

クイズ

「左」の 正しい かきじゅんは ①か ②どちらかな？

① ナ ナ 左 左
② ノ ナ 左 左

こたえ ▶ 72ページ

2 □に かん字を かきましょう。　一つ5てん【85てん】

① やさしい □の 人。
＊じゅんじょ…の ときは「じゅん」。

② あめが □る。

③ 長先生の おはなし。

④ □を とじて きく。

⑤ 本を □に。

⑥ みんなの 女の子 □み。

⑦ □を ひろう。

⑧ お□は ただしい。

⑨ □の 角を はなを □ぶ。

⑩ □の はなし。

⑪ □が ひらく。
＊門も「もん」。

⑫ 石を □む。

⑬ 車が □せつ。

⑭ □は ちかわに。

⑮ □で ける。

⑯ □の ボール。

⑰ □に かう。

7 かんじを かく

山・子・四・糸・字

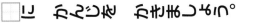

もくひょう 10ぷん

がつ　にち

月

とくてん

1 □に かんじを かきましょう。　1つ2てん[32てん]

① 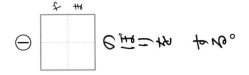 の ぼりを する。

②  を まなす。
※「いとぐるま…いとを つむぐ どうぐ。」

③  が うまに のる。

④ こいねこ 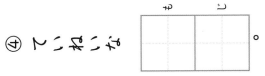 。

⑤ きょうは 三月（さんがつ） 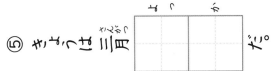 だ。

⑥ はりに 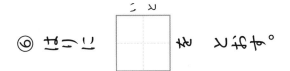 を とおす。

⑦ 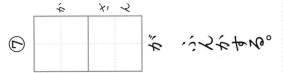 が ふんかする。

⑧ おとうとは  きこだ。

⑨ あしだは 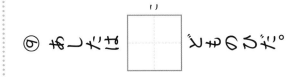 どものひだ。

⑩ 毛（け） 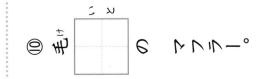 の セーター。

⑪ かみを 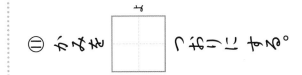 こおりに する。

⑫ かん  を おぼえる。

⑬ とおくの 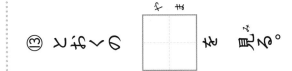 を 見（み）る。

⑭ スッキーが 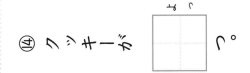 。

⑮ 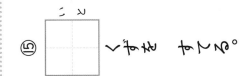 くすを する。

⑯ たのしそうな 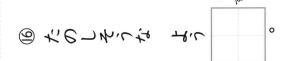 。

17

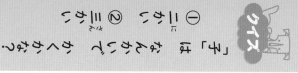

クイズ

「チ」は　なんかく で　かくかな？
① にかく
② さんかく

2 □に　かん字を　かきましょう。

① ちょうし　□　が　わるい。

② □　を　かず　数える。

③ □の　こじ　けん。

④ 富士　□　の　うえは　が…

⑤ □　つり　を　たい　から。

⑥ □　が　いたい　ます。

⑦ □　せい　工場で　はたらく。

⑧ □　しゅう　の　こんれつ。

⑨ □　きん　と　おもう。

⑩ 元気な　□　と。

⑪ □　みょうじ　で　よばれる。

⑫ □　きや　の　にもつ。

⑬ □　とし　かん　が　すまる。

⑭ 親　□　の　ぞっこ　が　いる。

⑮ □　し　ぐ　の　おわり。

⑯ □　か　ひも　を　はる。

⑰ □　せい　かい　に　のぼる。

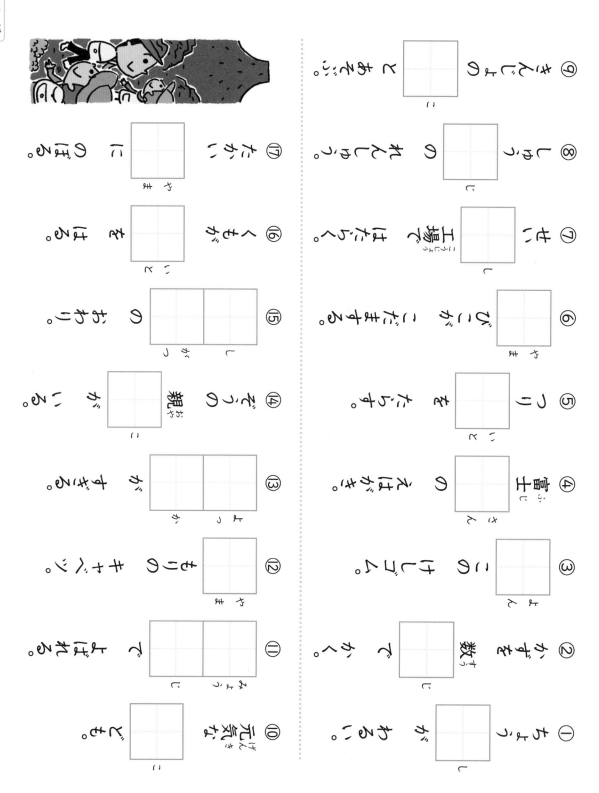

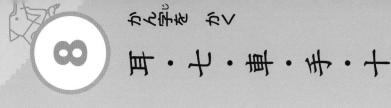

1 □に かん字を かきましょう。　1つ2てん[32てん]

① こんやは［じゅう］［じ］夜（よ）だ。
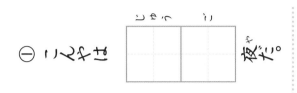

② くりを［なな］つ たべる。
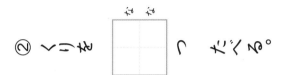

③ 赤（あか）い［くるま］が はしる。
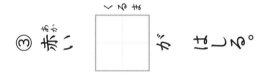

④ その はなしは はつ［みみ］だ。

⑤ 大（おお）きな はく［しゅ］を する。
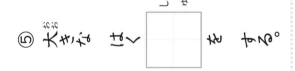

⑥ 自（じ）てん［しゃ］を はしらせる。
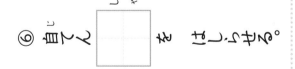

⑦ きょうは［とお］［か］だ。
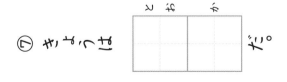

⑧ ぼくは［しち］［がつ］生（う）まれだ。

⑨ ［しゃ］を うんてんする。
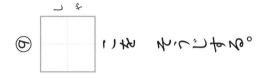

⑩ ［みみ］元（もと）で ささやく。

⑪ ［じっ］［ぽん］の えんぴつ。
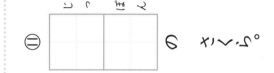

⑫ ［なの］［か］前（まえ）の こと。

⑬ ［じ］［ご］［く］［みみ］の ようだ。
＊じごくみみ…ひとの ひみつなどを こっそり きいて しまう こと。
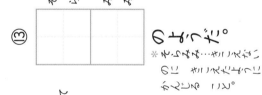

⑭ ［て］紙（がみ）を よむ。
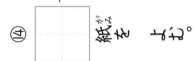

⑮ ［じゅう］［にん］［と］色（いろ）。
＊じゅうにんといろ…人によって 考えや 好みが ちがう こと。

⑯ 水（すい）えいの せん［しゅ］。

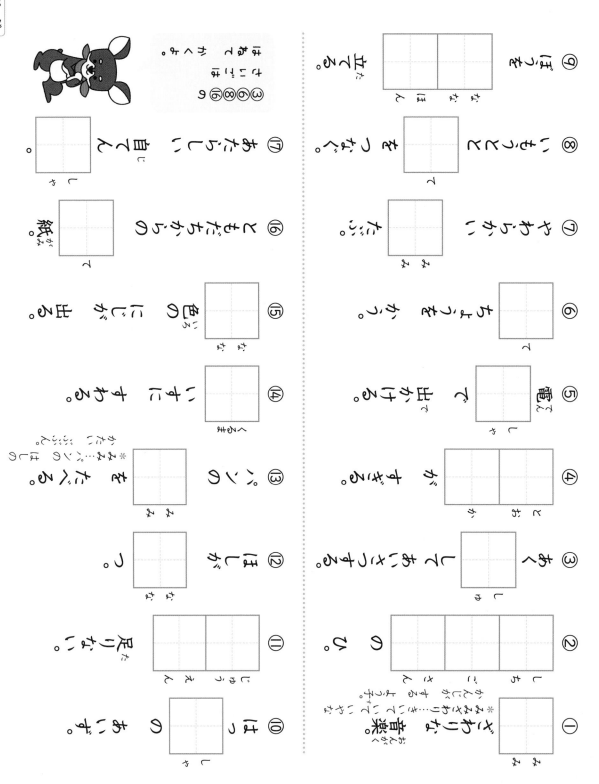

クイズ ①たつ ②たつ
「たつ」の 正しい 書き方を あとから えらんで。

③⑥⑦⑧⑨⑩は
なまえ です。

2 □に かん字を かきましょう。

1くみ〔あんごう〕

① 音楽 ……
② とし の ひ。
③ あめ の てんき。
④ とおか が すぎる。
⑤ 電しゃ で しゅっぱつ。
⑥ ちょうを か。
⑦ かわ に たつ。
⑧ こうてい を …… くなる。
⑨ ほうき の 立て。
⑩ はし の おすし。
⑪ たんえい じょう の 足りない。
⑫ ほしが なる。
⑬ つばめ の ペンを もつ。
⑭ まへん に すわる。
⑮ いろ の にじが 出る。
⑯ まちがい から 紙が。
⑰ おしえ て 言じん。

1 □に かん字を かきましょう。 1つ2てん[32てん]

① ほそい 月が でる。

② の 先生。

③ おとなと 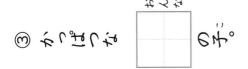の子。

④ 大きな こえを す。

⑤ 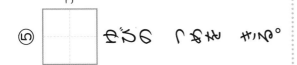ゆびの つめを きる。

⑥ のぼりが つづく。

⑦ 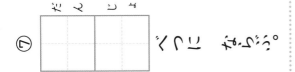べつに ならぶ。

⑧ 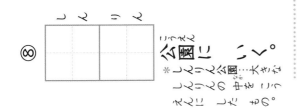公園に いく。
＊しぜんりんの 中を こう
えんに した もの。

⑨ 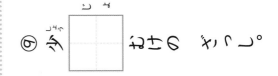むけの ざっし。

⑩ 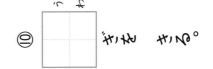ぎを きる。

⑪ 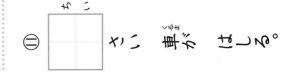さに 車が はしる。

⑫ 雨が がる。

⑬ 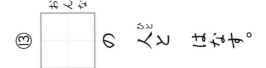の 人と はなす。

⑭ えきを 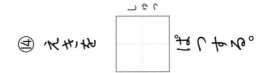ぱつする。

⑮ 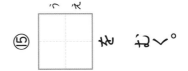を むく。

⑯ 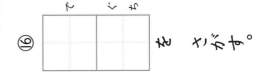を さがす。

クイズ

「小」を「こ」と よむのは どれかな？

① 小学校　② 小三　③ 小づつ

⑧「しょう」の 小を さいしょに 見つけよう。

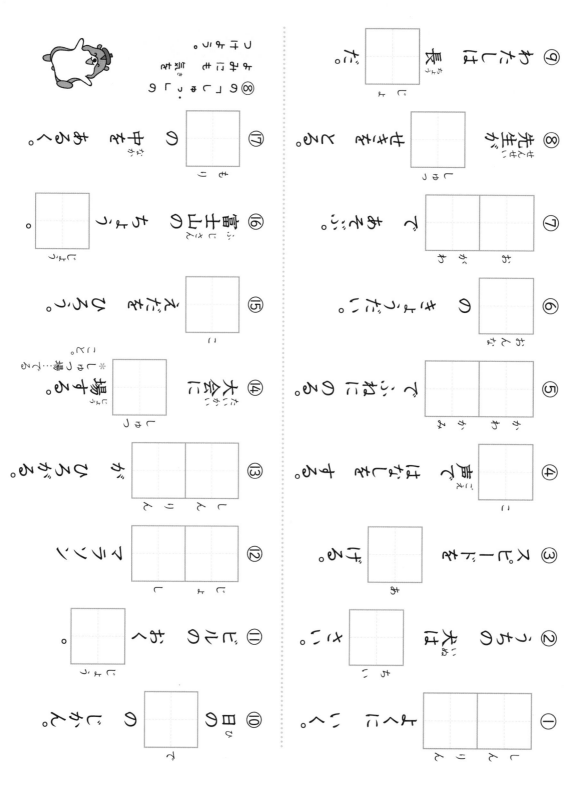

2 □に かん字を かきましょう。

1もん5てん【80てん】

① □□□へ □に よく いく。

② うちの 犬は □□へ いく。

③ スピードを □げる。

④ □声で はなしを する。

⑤ □がみで ねこの □を つくる。

⑥ おとなの □よう だ。

⑦ □が □を おぶ。

⑧ 先生が □ませる。

⑨ わたしは 長□だ。

⑩ □日の で…

⑪ □□□の おへ…

⑫ □□□マン

⑬ □□□が ひかる。

⑭ 大会に □しょうする。

⑮ □えださき ひくい。

⑯ 富士山の □ちょう。

⑰ □の 中を あるく。

1 □に あてはまる かんじを かきましょう。　1もん2[40てん]

① かたの 木が 　□□。　

② しゅう 　□ を ならう。　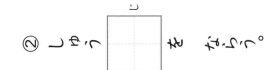

③ □ ぶえが きこえる。　

④ □ の ひとと あう。　

⑤ かじを 　□ せつする。　

⑥ □ を すまして きく。　

⑦ 毛 □ の てぶくろ。　

⑧ きょうは 三月 　□□ だ。　

⑨ □ に すむ どうぶつ。　

⑩ だいこ 　□ に のぼる。　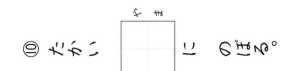

2 ——せんの かんじを、かんじと ひらがなで かきましょう。
1もん5[15てん]

① ちいさい こえで うたう。　（　　　　　）

② こくごの せいせきが あがる。　（　　　　　）

③ おとうとは いつつに なった。　（　　　　　）

4 せんの かん字の よみがなを かきましょう。 [1つ5てん]

① 明日から 四日だ。（　　）
四日前から 四月だ。（　　）

② { よう子が おかしい。（　　）
親子で かいものを する。（　　） }

③ 出口に むかう。（　　）
出ぱつの じかんだ。（　　）

④ { 手紙が とどく。（　　）
ラジオの せん手。（　　） }

⑤ 電車に のる。（　　）
白い 車に のる。（　　）

3 □に おなじ よみかたで いみの ちがう かん字を かきましょう。 [1つ5てん]

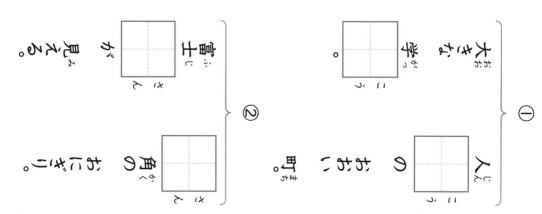

① 大きな 人□ の
人□に おおい。
学□に おおい。町に。

② 富士□が 見える。
富士の 角□の おにぎり。

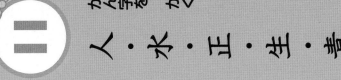

二 かん字を かく

人・水・正・生・青

1 □に かん字を かきましょう。

１つ2てん[32てん]

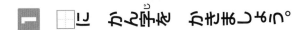

① ［せんせい］の おはなし。

② ［にんき］の ある 歌手。

③ ［おおみし］を つかまえる。

④ ［すい］えは とくいだ。

⑤ じかんに ［せい］かく ひと。

⑥ ［おお］しんごうで かだる。

⑦ ゆめが ［まさ］ゆめに なる。
　※まさゆめ…じつげんした 本当に 見たとおりの その ゆめ。

⑧ ［みず］たまりを よける。

⑨ ［おみず］を ためる。

⑩ ［おぞら］を 見上げる。

⑪ とんぼの ［こしょう］。

⑫ ［ただ］しい おこない。

⑬ ［おお］い ワレモノ。

⑭ おだやかな ［ひと］。

⑮ つめたい ［みず］を のむ。

⑯ 田んぼの ［い］きもの。

2 □に かん字を かきましょう。

一かい【◯もん】

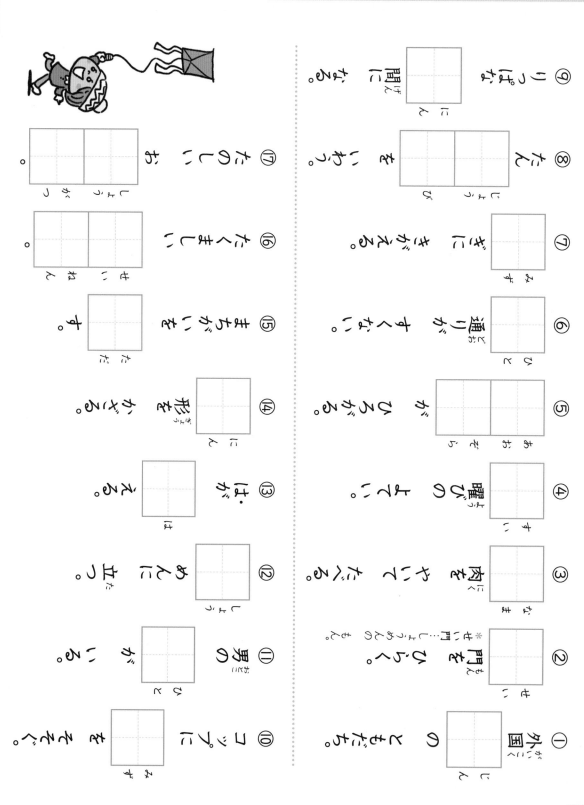

① 外国へ □ の ともだち。

② 門を □ ひらく。
　＊門…もんがまえ

③ 肉を □ やいて たべる。

④ □曜日の よてい。

⑤ □□が おおぜい ひらう。

⑥ 通り □が すくない。

⑦ □に □きが ふえる。

⑧ □□を □に つかう。

⑨ りんな □に 間に なる。

⑩ □に コップを そそぐ。

⑪ 男の □が □に いる。

⑫ □めんに たって 立つ。

⑬ はが □ はえる。

⑭ □に 形を かえる。

⑮ まちがを □ます。

⑯ たべ □□に します。

⑰ たのしい □□お。

26

かん字を かく

夕・石・赤・千・川

1 □に かん字を かきましょう。

1つ2てん〔32てん〕

① 青く ひかる ほう□。

② □□で 花を かう。

③ かわごに □ちん。

④ 谷□の つめたい 水。

⑤ □□を ならべる。

⑥ □いくつを はく。

⑦ □ぎしを さんぽする。

⑧ □の はしを わたる。

⑨ □方に 雨が ふる。

⑩ おが □ら。
　※おがら…すこし おかく なる。

⑪ じ□で あそぶ。

⑫ □□の ほう。

⑬ □で さかなを とる。

⑭ □はんを だべる。
　※せきはん…もちごめの 中に あずきを 入れて むした ごはん。

⑮ まごの おりがみ。

⑯ きれいな □□。

クイズ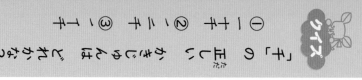

「十」の 正しい かきじゅんは どれかな?
① 十 ② 十 ③ 十

2 □に かん字を かきましょう。

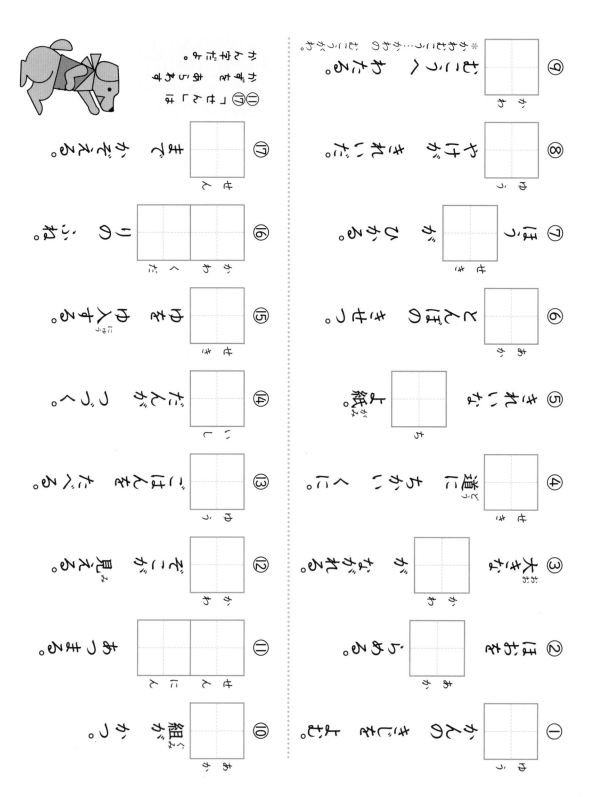

① □の きゅうじょ。

② □を あるく。

③ 大きな □が ながれる。

④ □道に ちかづく。

⑤ きれいな □。（紙）

⑥ とんぼの □せい。

⑦ □せが ひかる。

⑧ □けが れいに たれる。

⑨ むし □く つく。
＊のばすおと……「おかあさん」のように。

⑩ 組が か□し。

⑪ せんにせんが あります。

⑫ かわ□ぞこが 見える。

⑬ ひ□ばいを はこぶ。

⑭ □こしが へこむ。

⑮ □をゆにゅうする。

⑯ か□わだりの ぶね。

⑰ せ□まで かぞえる。
⑰は「ほん」か「かん」などを かきます。

【くもん】小学１年生

先・早・草・足・村

1 □に かん字を かきましょう。

1つ2てん〔32てん〕

① あしたは 遠えん□〔そく〕だ。

② □□〔むらびと〕だちと はなす。

③ ぼうの □〔さき〕が おれる。

④ □□〔さきぞん〕で くらす。
※さきぞん…そんの 中に ある もの。

⑤ おとうとは □〔はやおき〕だ。

⑥ くつを □□〔ごそく〕かう。

⑦ つま□〔さき〕で 立って みる。

⑧ にわの □〔そう〕を ぬく。

⑨ し□〔むら〕かな 里さと。
※むら里…いえが あつまって いる ところ。

⑩ □〔せん〕頭とうが 入れかわる。

⑪ あし□□〔ばや〕に なる。
※あしばや…あるきかたが はやく はやいこと。

⑫ かすが □〔た〕りない。

⑬ □□〔せんじつ〕の ことだった。

⑭ □□〔とあし〕を あらう。

⑮ せ□〔い〕が □〔はや〕まる。

⑯ □□〔くさばな〕を そだてる。

2 □に かんじを かきましょう。

1もん5てん【85てん】

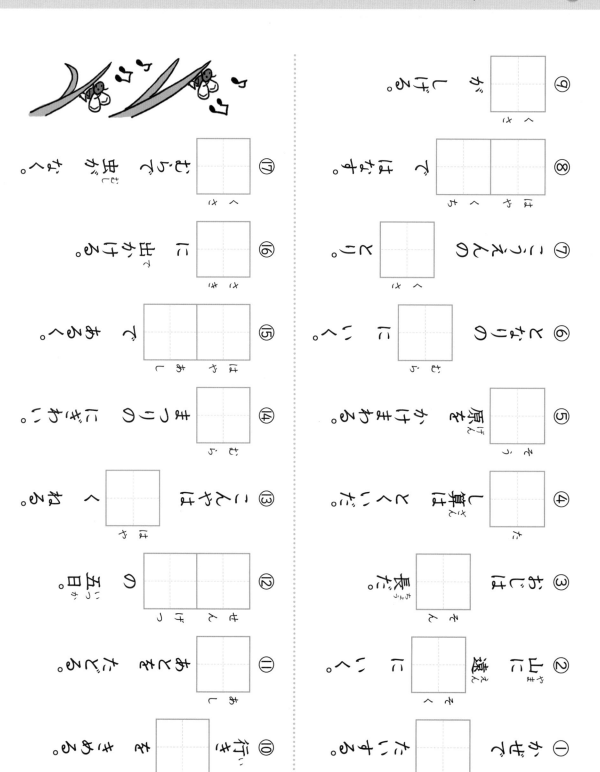

大・男・竹・中・虫

1 □に かん字を かきましょう。　1つ2てん〔32てん〕

① [おし]□の いえが きこえる。

② ちちは 長[ちょう]□[なん]だ。
※長なん…おとこの きょうだいの いちばん 生まれた こ。

③ うらの □[たけ]が かぶ。

④ 町[まち]の □[ちゅう]心に ある ひろば。

⑤ □□[だいしょう]を とりそろえる。
※だいしょう…おおきい ものと ちいさい もの。

⑥ □□[すいちゅう]の 生きもの。

⑦ □[たけ]で かごを つくる。

⑧ □□[おおおとこ]の おはなし。

⑨ □[おお]ごえで かえる。

⑩ □□□[いちにちじゅう]雨[お]だ。

⑪ □□[ちくりん]を あるく。
※ちくりん…たけやぶ。

⑫ ちょうの よう□[ちゅう]。

⑬ □□[だいし]の リレー。

⑭ いえの □[なか]に 入[はい]る。

⑮ □[たけ]とんぼを とばす。

⑯ □[だい]会[かい]が ひらかれる。

31

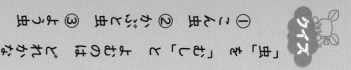

クイズ

「出」を「だ」と よむのは どれかな？
① 出にゅう ② かぶん出 ③ 出ちょう

2 □に かん字を かきましょう。

1つ4てん【80てん】

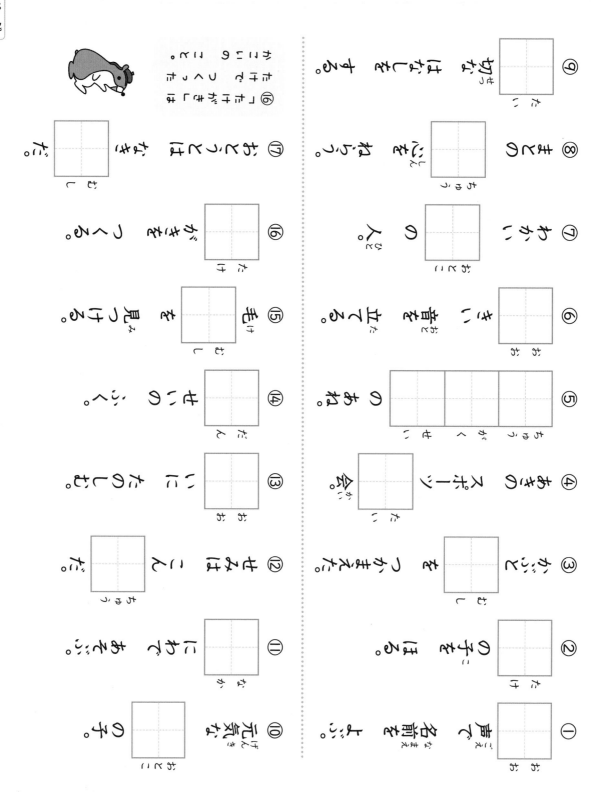

① □（おお）きな 声で 名前を よぶ。

② □（たけ）の子を ほる。

③ □（むし）を つかまえた。

④ あなたの スポーツ会。

⑤ □□□（ちゅう・がく・せい）の あね。

⑥ □（おお）きな 音を 立てる。

⑦ □（おおい）の人。

⑧ まの □（ちゅう）を ねらう。

⑨ □（たい）な はなしを する。

⑩ □（おお）きな 元気な 男の子。

⑪ □（なか）に わたで あそぶ。

⑫ みは □（ちゅう）に ...

⑬ □（おお）に たしの...

⑭ せの □（たん）の へや。

⑮ 毛□（むし）を 見つける。

⑯ □（たけ）が なまを ...

⑰ おじいさんは □（とし）な...

1 □に あてはまる かん字を かきましょう。　1つ5てん[50てん]

① ゆう ひ ☐☐ が しずむ。

② ☐ に ねいろ。

③ は や ☐ く なおる。

④ おとこ ☐ の 人に あう。

⑤ た け ☐ の 子を だく。

⑥ 花だんに み ず ☐ を まく。

⑦ 山おくの な ら ☐ で くらす。

⑧ すみきった あお ぞら ☐☐。

⑨ ちゅう が く せい ☐☐☐ に なる。

⑩ 小さな か わ ☐ が ながれる。

2 ──せんの ことばを、かん字と ひらがなで かきましょう。　1つ5てん[15てん]

① ただしい こたえを かく。　（　　　　　）

② ぞうの 耳は おおきい。　（　　　　　）

③ 来月 いもうとが うまれる。　（　　　　　）

⑤ こん虫ずかんを 見る。

（　　　）（　　　）

---

4 ──せんの かん字の よみがなを かきましょう。　1つ3てん【36てん】

③
- お正月だ。（　　　）
- 早口で こたえる。（　　　）
- うごきの 足あと。（　　　）

①
- 遠足が まちどおしい。（　　　）
- 足算の もんだいに こたえる。（　　　）

④
- はこの 中に。（　　　）
- はこの 中を のぞく。（　　　）
- 一日中 天気だった。（　　　）

②
- かいこうな ところ。（　　　）
- こにいろな 人形。（　　　）
- 外国人と はなしを する。（　　　）

---

3 □に あてはまる おなじ よみかたの ちがう かん字を かきましょう。　1つ3てん【12てん】

①
- きれいな ほう
- □ はん。

②
- たての □□ の 本を かう。
- □□ の 頭に 立つ。

町・天・田・土・川

1 □に かん字を かきましょう。　　　〔1もん2てん(32てん)〕

① 今月(こんげつ)は 晴(せ)□（てん）が おおい。
　※晴(は)れて…よい 天気(てんき)。

② □（た）は はたを たがやす。

③ □□（に・がっ）が はじまる。

④ となり □（まち）に ひっこす。

⑤ □（た）や はたけが ひろがる。

⑥ □（ど）曜日(ようび)は 休(やす)みだ。

⑦ みかんを □□（ふ・た）て たべる。

⑧ □□（あ・ま）の 川(かわ)が きれいだ。

⑨ 長(ちょう)□（ちょう）に えらばれる。

⑩ トンネルで □□（つ・ち）を ほる。

⑪ □（に）に 上(あ)がる。

⑫ かれは □（てん）才(だい)だ。

⑬ □（まち）に すむ。

⑭ □□（す・い・て・ん）が ひろがる。

⑮ 羽(はね)の □（に）に すすめ。

⑯ じぶんの □（て）地(ち)。

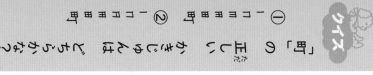

2 □に かん字を かきましょう。 1もん5てん[90てん]

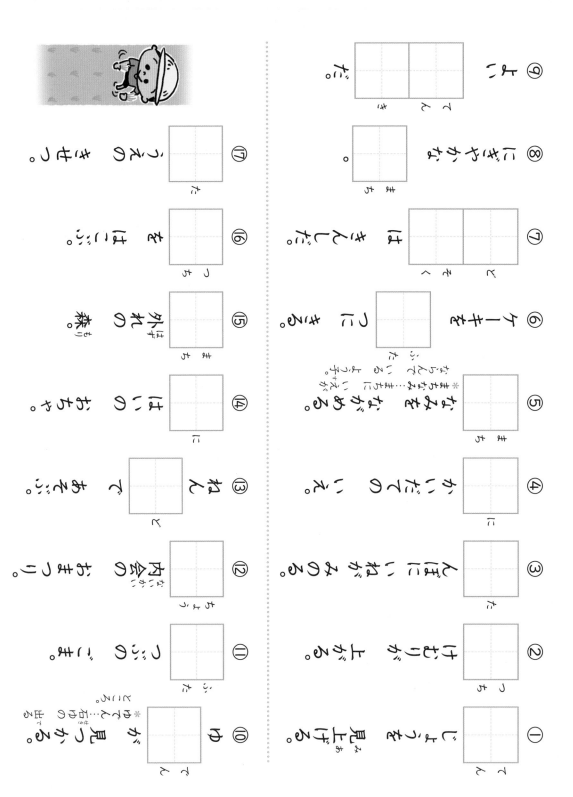

① □□てん しょうを 見上げる。

② □□し けしきが 上がる。

③ □□た んぼに ねがみる。

④ □□に かにたての いえ。

⑤ □□き ま なみを あつめる。
　※ちょうなみ…たくさん ならんで いる ようす。

⑥ □□に ケーキを はこにします。

⑦ □□とへ は きんだ。

⑧ □□ち き はなが ひらいた。

⑨ □□てんき だ。

⑩ □□てん ゆ が みつかる。
　※てんゆ…ち中から 出る あぶら。

⑪ □□ぶ た しの いま。

⑫ □□ちょう 内会の おまつり。

⑬ □□と てんで あそぶ。

⑭ □□に はにの おち。

⑮ □□ち まち はずれの 森。

⑯ □□ち を にぶ。

⑰ □□た こえの まち。

1 □に かん字を かきましょう。

1つ2てん【32てん】

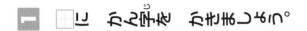

① 名前を 記□する。
*記入…字を かきいれる こと。

② 長□の つきあい。
*長ねん…ながい ねんげつ。

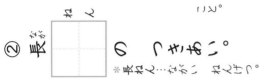

③ □□生まれの 人。

④ □曜びに 出かける。

⑤ □□の おやつ。
*しらたま…しらたまこで つくった だんご。

⑥ □り口を さがす。

⑦ □紙に 文字を かく。

⑧ □かけで すむ。

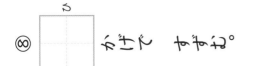

⑨ しずかな 元□だ。

⑩ □ろ いくもが うかぶ。

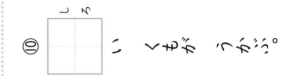

⑪ いえに □る。

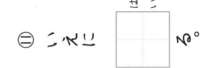

⑫ かっぱつな 少□。

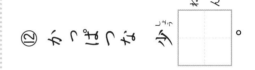

⑬ □□前の こと。

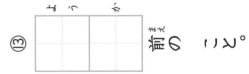

⑭ □□の 男の子。

⑮ □が しずむ。

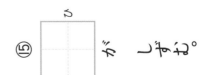

⑯ せん□が 場□する。

こたえ ● 76ページ

クイズ

「人」を「ひと」と よむのは、どれでしょう。
① 人月 ② 人日 ③ 人んせん

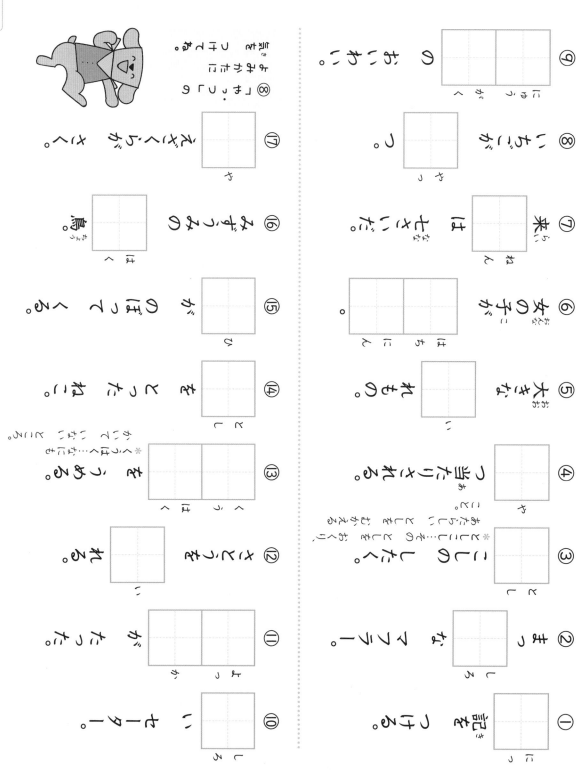

2 □に かん字を かきましょう。 一つ5てん【80てん】

① □記を つける。

② □まで しんぽ する。

③ □の しごと。 ※「いと」のような ほそながい ものを あらわす かん字だよ。

④ □に 当たる。

⑤ 大きな □もの。

⑥ 女の子が □に ち□。

⑦ 来ねんは □だ。

⑧ □が □し。

⑨ □□の おこり。

⑩ □し ...ター。

⑪ □が □た。

⑫ すてきな □れる。

⑬ □□を ...あめ。 ※「〜く…」と いう ことばに つかうよ。

⑭ □を とった ねつい。

⑮ □が のぼって くる。

⑯ □は すずめの □。 鳥

⑰ □ずから えらんだ メく。

⑧ 「てつ」の いみで つかいます。

38

百・文・木・本・名

1 □に かん字を かきましょう。

1つ2てん[32てん]

① 山の 上の [てん][もん]台。

② テストで [ひゃく]点を とる。

③ にわに [き]を うえる。

④ [ほん][みょう]を なのる。
＊ほんみょう…ほんとうの なまえ。

⑤ [ぶん]かの ちがいに ふれる。

⑥ 明日は [もく]曜日だ。

⑦ 人数は [じゅう][めい]だ。

⑧ 思い出を 作[ぶん]に かく。

⑨ [ひゃく]さいに なる。

⑩ しゅう字の [て][ほん]。

⑪ なが[ぶん]を しょう。

⑫ [ほん]を ひく。

⑬ [たい][ぼく]を きる。
＊たいぼく…おおきな き。

⑭ かんがえの [もと]を 正す。

⑮ だいこんが [ひゃく]こ。

⑯ [ほん][き]に なる。

クイズ

「木」を 「こ」と よむのは どれかな。
① かえ　② こかげ　③ きかげ

こたえ 76ページ

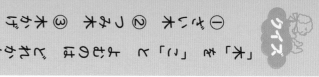

2 □に かん字を かきましょう。

一つ4てん【85てん】

① □の 下で 休む。

② せ中で ちゅうもん する。

③ □□を 見て おぼえる。

④ □□□前の でんわ。

⑤ □□を 見て かく。

⑥ □の 名前を いう。

⑦ □□を はこび出す。

⑧ □で せいじを かう。

⑨ 十一月三日は □□の日。

⑩ □□□が うごきます。

⑪ □□し らしい 花。

⑫ □み を キへ です。

⑬ きれいな 絵□□。

⑭ □ゆう な 音楽家。

⑮ □まで かぞえる。

⑯ □かけに 入る。

⑰ なわとびの □□。

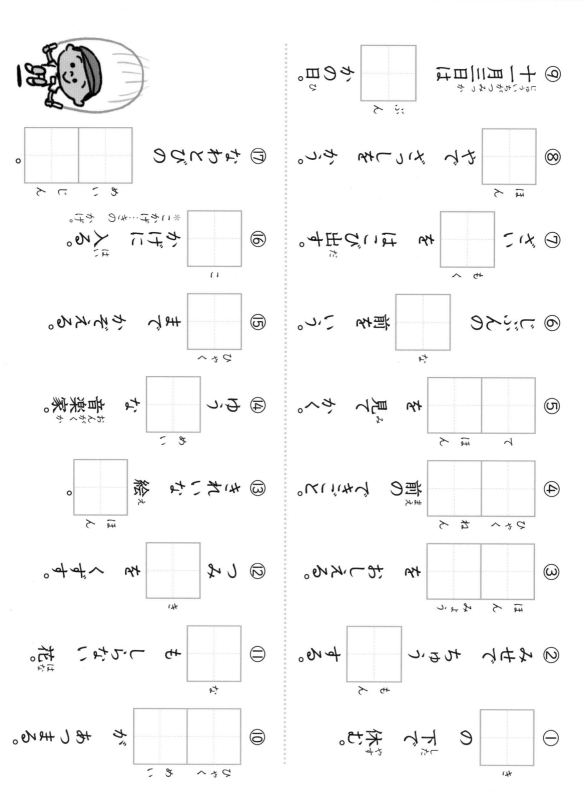

目・立・力・林・六

1 □に かん字を かきましょう。

1つ2てん[32てん]

① ［たいりょく］を つけよう。

② ［りき］作が あつまる。
※りき作…こんしんを こめて つくった さくひん。

③ ［はやし］で どんぐりを ひろう。

④ おには ［ちからねんせい］。

⑤ はらを ［た］てる。

⑥ ［もく］てきの ばしょ。

⑦ ［きり］して あこがれする。
※きり…だちばが る こと。

⑧ すぎの ［はやし］。

⑨ ちゅう［もく］を あびる。

⑩ ハンカチが ［ろく］まい。

⑪ たか［だ］ちを する。

⑫ ［ちから］こぶを つくる。

⑬ そうきん［はやし］に 入る。

⑭ せん［りょく］で たたかう。
※せんりょく…あいだの ちから。

⑮ あめが ［ふ］っ。

⑯ ものさしの ［め］もり。

クイズ

「目」を「め」と よむのは どれかな？
① 一目ぼれ ② 目もり ③ ちゅう目

こたえ ▶ 77ページ

2 □に かん字を かきましょう。 【一もん5てん】

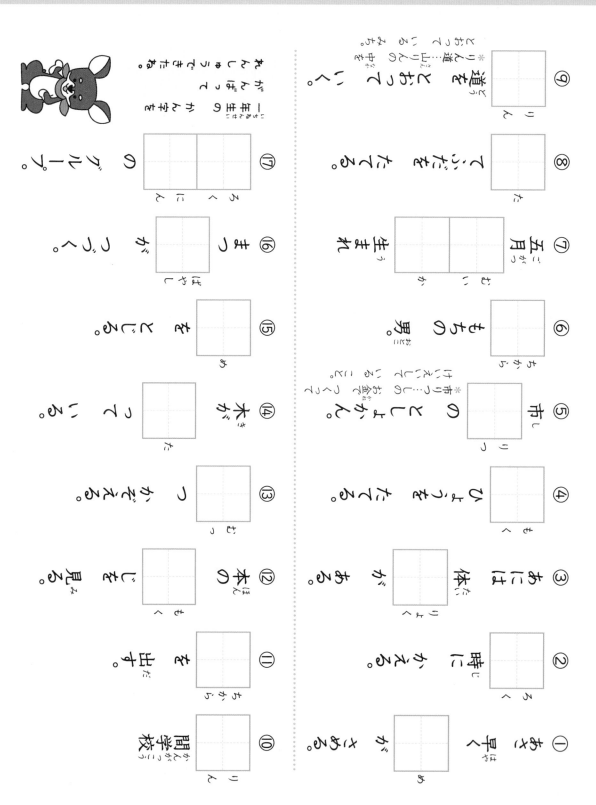

① あさ□（ちょう）早く おきる。

② □（ち）へ かえる。

③ おに□（けい）は 体を きたえる。

④ □（へ）んじを する。

⑤ 市の □（こう）園。 ＊「おおやけ」…みんなに かんけいする こと。

⑥ □（ち）の 男の子。

⑦ 五月□□（たんじょう）生まれ。

⑧ □（た）たてる。

⑨ □□（とおり）道を とおる。 ＊「とおり」…道の なか。

⑩ □（り）かん 間学校。

⑪ □（ちから）を 出す。

⑫ 本の □（もじ）を 見る。

⑬ □（し）こみ かんがえる。

⑭ □（た）木が ある。

⑮ □（め）を とじる。

⑯ □（はし）まがる。

⑰ の □（ろんぶん）グループ。

1 □に あてはまる かん字を かきましょう。　1もん4てん[40てん]

① となり 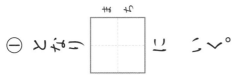（まち）に いく。

② 作（ぶん）□の しゅくだい。

③ 水を （に）はい のむ。

④ にわの （き）□を ほる。

⑤ （ほん）□を 三さつ かう。

⑥ あしたは 七月 （よう）（か）□□だ。

⑦ （はやし）□を とおりぬける。

⑧ 三つ （とし）（した）□□の 子。

⑨ おじさんは （ひとり）□きりだ。

⑩ かん字で （な）□前を かく。

2 ──せんの ことばを、かん字と ひらがなで かきましょう。

1もん[2てん]

① けいかくを たてる。　　（　　　　　　　）

② ビルの 中に はいる。　　（　　　　　　　）

③ くりを むいて たべる。　（　　　　　　　）

こたえ ▶ 77ページ

4 ——せんの かん字の よみがなを かきましょう。 [1つ3てん]

⑤
水を 田に ながす。（　）
田んぼの なかへ かえる。（　）

③
土地を たがやす。（　）
明日は 土曜日だ。（　）

④
けん王の 名じん。（　）
本名を つたえる。（　）

①
力を入れて もち上げる。（　）
力作が そだつ。（　）
ぜん力を 出す。（　）

②
白鳥が （　）
まっ白な セーター。（　）
おやに 白王を たてた。（　）

---

3 ▢▢に おなじ よみかたの ちがう かん字を かきましょう。 [1つ2てん]

①
▢（お）の川を 見上げる。
▢（ま）やじるしを する 人。

②
夏休みの ▢（も）曜日の よる。
▢（ひ）曜日の よる。

なまえ

1 □に かん字を かきましょう。　1つ2てん[32てん]

① 山おくの □（むら）。

② □（たけ）の子を ゆでる。

③ まいにち □（にっ）記を かく。

④ □□（はなび）大会に いく。

⑤ □（た）んぼに なえを うえる。

⑥ あの □（ひと）は しんせつだ。

⑦ コップに 水を □（い）れる。

⑧ □（もり）で りすを 見た。

⑨ □□（がっこう）から かえる。

⑩ 小さな □□（おんな）の子。

⑪ ね□（こ）を まるめる。

⑫ □□□□（しちがつなのか）

⑬ □（てん）じょうが たかい。

⑭ □□（あしおと）が ひびく。

⑮ くすりが □（せき）を とめる。

⑯ □（き）もちの よい あさ。

2 □に かん字を かきましょう。

① □に かげは こい。

② □は つきの ひかりだ。

③ □□を みます。

④ □□を かりて くる。

⑤ □めの げんかん。

⑥ □□□を もらう。

⑦ □□に こうえんに いく。

⑧ □□に のりを つける。

⑨ □□の あまみずだ。

⑩ □まえで ともだちと わかれる。

⑪ □ようびの よる。

⑫ □□へ ひきこし。

⑬ □□した なまえが おおきく でる。

⑭ □□りせんを だす。

⑮ □□□□□。

⑯ □をごえを きく。

⑰ □□の もじへんかん。

なまえ

1 □に かんじを かきましょう。 1つ2てん[32てん]

① 行き□を つたえる。

② □なを いえて はなす。

③ くちの □は あかい。

④ もっこう□を 見かける。

⑤ □□て よう。

⑥ □□ サッカー。

⑦ □だんの チューリップ。

⑧ 五と 三を □す。

⑨ 大きな □を あける。

⑩ □を さこしゅう

⑪ 自□を いく。

⑫ □しゅうを よむ。

⑬ □□を のばす。

⑭ まがりくねった □。

⑮ はかりの □もり。

⑯ □□□□

こたえ ▶ 77ページ

2 □に かん字を かきましょう。　一つ5点[80点]

① □が つよくなる。

② □に Tシャツ。

③ □き に かよう。

④ □□□□ の あめ。

⑤ □ の 人と あう。

⑥ □ の ぶる 音。

⑦ □ ちゅう まう。

⑧ □□ に かたむける。

⑨ □ たてもの。

⑩ □ に かえる。

⑪ □□□□

⑫ □ せんの いちまん。

⑬ □ ゆう に する。

⑭ □ だいがく。

⑮ □ かなから みち。

⑯ □□ ていく 事。

⑰ □ のちから くらい。

1年の ぜんかん字テスト③

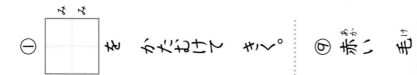

なまえ

15ふん
もくひょう じかん とくてん にち てん

1 □に かん字を かきましょう。　1つ2てん[32てん]

① [みみ] を かたむけて きく。

② けさは [はや] おきした。

③ がけの [した] を のぞく。

④ ピアノの [せんせい]。

⑤ [はやし] の 中の みち。

⑥ コンパスで [えん] を かく。

⑦ あすは [にゅうがく] しきだ。

⑧ [おお] い ボールペン。

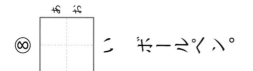

⑨ 赤い 毛[いと] を かう。

⑩ [ゆう] けを 見る。

⑪ 夏[やす] みが はじまる。

⑫ [じ] が くつく。

⑬ しあいに [で] る。

⑭ 楽の [おん] じゅぎょう。

⑮ [じがつこか]

⑯ [ちから] を あわせる。

2 □に かん字を かきましょう。

1もん8[てん]

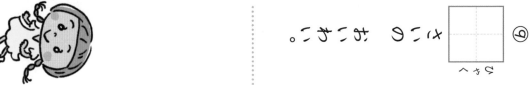

①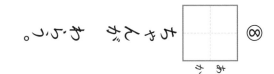
羽（はね）の カラス。

②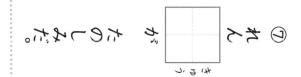
を きる。

③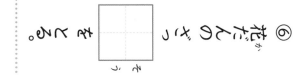
おこす。

④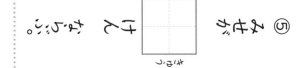
へ いく。

⑤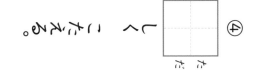
みが けん たいふう。

⑥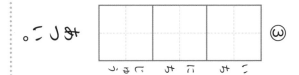
花（か）だんの を とる。

⑦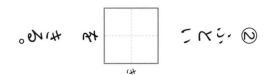
れん した みだ。

⑧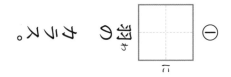
ちゃんが わらう。

⑨
文（ぶん）の かい。

⑩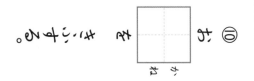
を ねじる。

⑪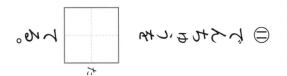
てんちょう さん たて。

⑫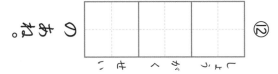
の おね。

⑬
じょう の子（こ）。

⑭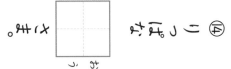
おはな し ます。

⑮
八（はち）月（がつ） とお か。

⑯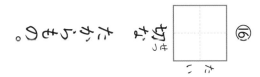
切（せつ）な たからもの。

⑰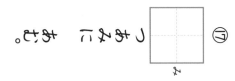
みに おむ。

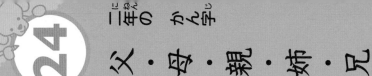

二年の かん字

父・母・親・姉・兄

1 （　）には よみがなを、□には かん字を かきましょう。 [１つ６てん〔６０てん〕]

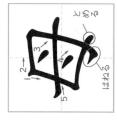

① 父の 日ひ
（　　　）

② 父親おやは やさしい。
（　　　）

③ 父母はと 出でかける。
（　　　）

④ 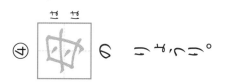父ちち と あそぶ。

⑤ 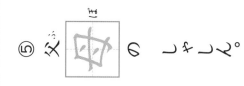父 母は 外がいしゅっちゅう出中だ。

かぜ気きを つけようね。

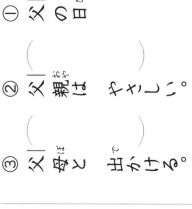

① 母の 日
（　　　）

② 母親おやに 花はなを おくる。
（　　　）

③ 母校こうを たずねる。
＊母校…じぶんが そつぎょうした 学校。

④ 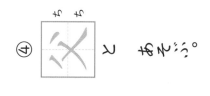母はは の りょうり。

⑤ 父ふ 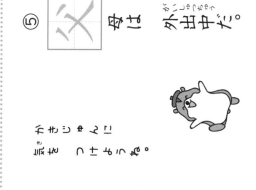母 の しゃしん。

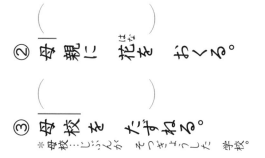

2

兄

② ぼくの 兄弟[きょうだい]。
（　　　　）

① わたしの 兄。
（　　　　）

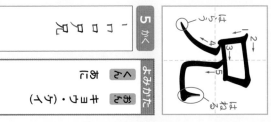

5かく
一　ロ　口　尸　兄

よみかた
へん（おん） キョウ・（ケイ）
あに（くん）

⑤ 三人[さんにん]兄弟

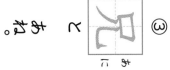

④ 兄[あに]が 一人[ひとり]いる。

③ 兄[あに]と おね。

姉

② 姉[あね]の 思[おも]いこと。
（　　　　）

① 二[ふた]つ年上[としうえ]の 姉[あね]。
（　　　　）

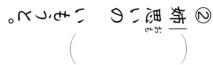

8かく
し　女　女　女　姉　姉

よみかた
へん シ（おん）
あね（くん）

⑤ 姉[あね]の へや。

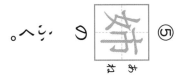

④ 姉[あね]に しかる。

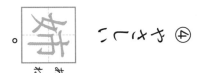

③ 姉[あね]は 中学生[ちゅうがくせい]だ。

親

② 親[した]しい 人[ひと]。
（　　　　）

① 親子[おやこ]で はなす。
（　　　　）

16かく
一　十　立　辛　親　親　親

よみかた
へん シン（おん）
おや・したしい・したしむ（くん）

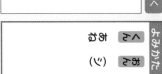

⑤ 親[した]しい 人[ひと]たち。

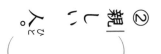

④ 親[した]しい ともだち。

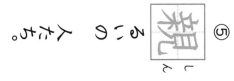

③ 親[おや]と 出[で]かける。

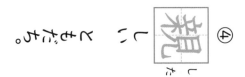

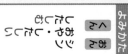

（　）には よみがなを、□には かん字を かきましょう。

1 （　）には よみがなを、□には かん字を かきましょう。[1つ5てん【40てん】]

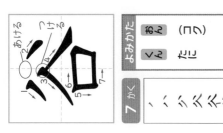

| よみかた | おん | コク |
| | くん | たに |

7かく　ノ ハ グ グ 谷 谷 谷

（　　　　）
① 谷川の 水は つめたい。

（　　　　）
② 谷ぞいを のぞく。

（　　　　）
③ 谷あいの 村。
＊たにあい…たにに なって いる ところ。

④ 谷に 下りる。

⑤ 谷あいの 学校。

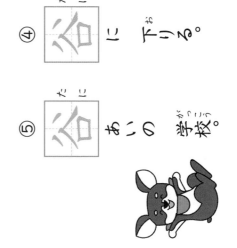

「谷」は 山と 山の あいだの
くぼんだ ところです。

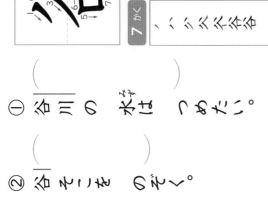

| よみかた | おん | ガン |
| | くん | いわ |

8かく　一 ナ ム ム 岩 岩 岩 岩

（　　　　）
① 大きな 岩。

（　　　　）
② 岩かげに かくれる。

（　　　　）
③ 岩石が ころがる。

④ 岩に のぼる。

⑤ 大きな 岩石 。

2 （　）は、よみがなを、□には、かん字をかきましょう。 1もん5てん【ぜんぶで60てん】

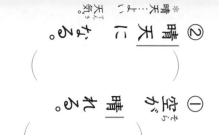

晴　よみかた　セイ・はれる・はらす　12かく

① 空が晴れる。（　　　　）

② 晴天になる。（　　　　）
※晴天…晴れてよい天気。

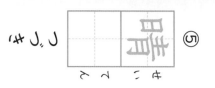
⑤ □せいてん

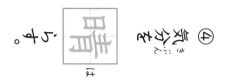
④ 気分を□はらす。

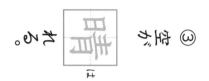
③ 空が□はれる。

星　よみかた　セイ・（ショウ）・ほし　9かく

① 星空を見上げる。（　　　　）

② 火星が赤く見える。（　　　　）

⑤ □ほしぞらの

④ ながれ□星を見る。

③ 星空が□かがやく。

地　よみかた　チ・ジ　6かく

① 土地をたがやす。（　　　　）

② 地めんにたねをうえる。（　　　　）

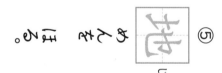
⑤ □じめんをほる。

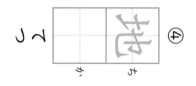
④ □ちてん

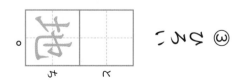
③ ひろい□とち。

26 算・国・図・書・数

1 ( )には よみがなを、□には かん字を かきましょう。[一もん5てん/40てん]

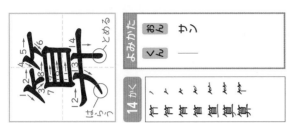

よみかた	
おん	サン
くん	―

14かく 竹 ケ ゲ サ 竹 竹 笞 笞 筲 算 算

① 算数の しゅくだい。（ ）

② 計算を する。（ ）

③ 足し算の もんだいを とく。（ ）

④ 算数が とくいだ。

⑤ 足し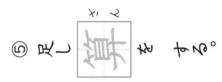算を する。

「算」の「目」を
「目」と しないで
ちゅう いしよう。

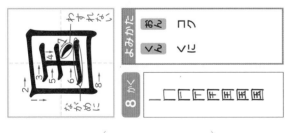

よみかた	
おん	コク
くん	くに

8かく 一 ｜ 冂 冂 肎 国 国 国

① せかいの 国。（ ）

② 国語を 学ぶ。（ ）

③ りっぱな 国王。（ ）

④ となりの 国。

⑤ 国語の 学しゅう。

② □には おくりがなを、□には かん字を かきましょう。 1もん5[てん]

数

よみかた
おん　スウ・(ス)
くん　かず・かぞ(える)

11かく

数　数　数　数　数
数　数　数　米　ソ

① みんなを <u>数</u>える。

② <u>数</u>科書を よむ。

③ ビデオを
　□かぞえる。

④ おこづかいを
　□かぞえる。

⑤ □きょうしつに
　入る。

書

よみかた
おん　ショ
くん　か(く)

10かく

書　書　書　書　書
書　書　書　⊐　フ

① かん字を <u>書</u>く。

② <u>読</u>書を
　する。

③ 手紙を
　□かく。

④ 字を
　□かきなおす。

⑤ 図□しょかん。

図

よみかた
おん　ズ・ト
くん　(はかる)

7かく

一　冂　囗　汭　図

① 地<u>図</u>で しらべる。

② 学校の
　<u>図</u>書室。

③ 地
　□ずを 見る。

④ 図
　□ずを かく。

⑤ 図書室に
　□いく。

2

てん / 10ぶん

日 月

とくてん

---

1 （ ）には よみがなを、□には かん字を かきましょう。[1つ5てん/40てん]

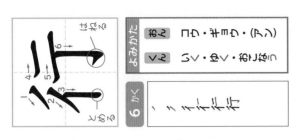

よみかた	
おん	コウ・ギョウ・(アン)
くん	いく・ゆく・おこなう

6 かく　ノ　ノ　ノ　行　行　行

④ 山が道^{みち}を □ く。

⑤ り□ _こ□ を する。

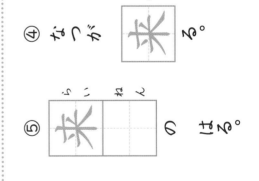

「行う」は
「行なう」では ないから
気を つけよう。

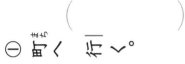

① 町^{まち}へ 行^いく。（　　　）

② 大^{だい}会^{かい}を 行^{おこな}う。（　　　）

③ きゅう行^{こう}電^{でん}車^{しゃ}に のる。（　　　）

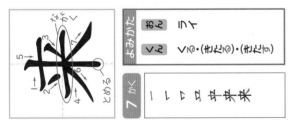

よみかた	
おん	ライ
くん	くる・(きたる)・(きたす)

7 かく　一　ワ　ヅ　平　半　来　来

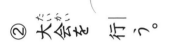

① 人^{ひと}が 来^くる。（　　　）

② 来^{らい}月^{げつ}は 六^{ろく}月^{がつ}だ。（　　　）

③ 来^{らい}年^{ねん}は 二年^{せい}生だ。（　　　）

④ なつが □ る。

⑤ □^{らい}□^{ねん} の はる。

（　）には よみがなを、□には かん字を かきましょう。 [1もん5てん]

右列（聞）

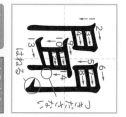

14かく
よみかた
ブン・モン
きく・きこえる

はねる

門門門門門門門門門門門門門門

② 新聞を ひろげる。
（　　　）

① 先生の はなしを 聞く。
（　　　）

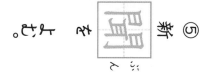
③ はなしを 聞く。

④ こえが 聞こえる。

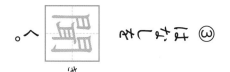
⑤ 新聞を よむ。

こたえ ▶ 78ページ

中列（言）

7かく
よみかた
ゲン・ゴン
いう・こと

言言言言言言言

② はっ言を する。
（　　　）

① おれいを 言う。
（　　　）

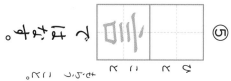
③ かんそうを 言う。

④ でん言を たのむ。
*でんごん……つたえたいことばを、べつの人につたえてもらうこと。

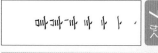
⑤ ことばで はなす。

左列（回）

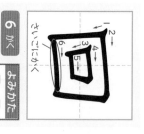

6かく
よみかた
カイ・（エ）
まわる・まわす

回回回回回回

② 本を 三回 よむ。
（　　　）

① 水車が 回る。
（　　　）

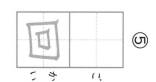
③ 風車が 回る。

④ こまを 回す。

⑤ 二回 とんだ。

28 丸・新・古・太・細

1 ( )には よみがなを、□には かん字を かきましょう。 1つ4てん[40てん]

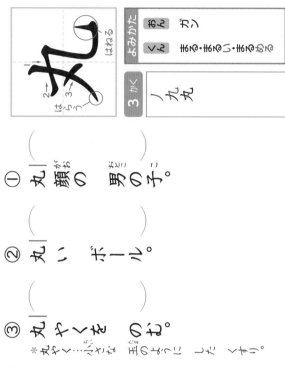

丸
よみかた
おん ガン
くん まる・まるい・まるめる
3かく　ノ 九 丸
はねる　はらう　だま

① 丸顔の 男の子。
（　　　　　）

② 丸い ボール。
（　　　　　）

③ 丸やくを のむ。
（　　　　　）
＊丸やく…小さな 玉の ように した くすり。

④ 丸い ガラス玉。
（まる）（だま）

⑤ かみを 丸める。
（まる）

丸（まる）の てんを わすれないように しよう。

新
よみかた
おん シン
くん あたらしい・あらた・にい
13かく
一 亠 立 立 辛 辛
辛 新 新 新 新
のびる　とめる

① 新しい くつを はく。
（　　　　　）

② 新たな 気もち。
（　　　　　）
＊新た…いままでと ちがって あたらしい こと。

③ 新年の あいさつ。
（　　　　　）

④ 新しい ふく。
（あたら）

⑤ 新ねんを むかえる。
（しん）（ねん）

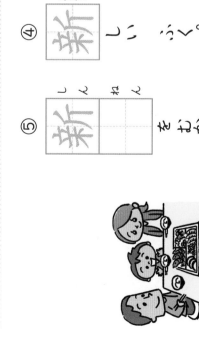

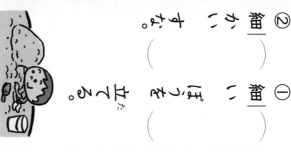

② かん（　）に ぼうを 立てる。

① 缶（　）

| 11かく | よみかた ケン・コン
いと・・・ |

⑤ かな雨。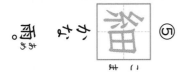

④ から（　）ぶ。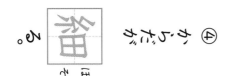

③ （　）びゆ。

---

② 大（　）が むすび。

① 大（　）

| 4かく | よみかた ダイ・タイ
おお・おおきい・おおいに |
| 一ナ大 |

⑤ （　）ようが 出る。

④ （　）たねい。

③ （　）えだ。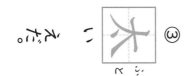

---

② ＊（　）こちの 文字。
まえにかいたもじ。

① 古（　）本。

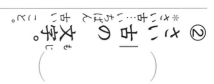

| 5かく | よみかた コ
ふるい・ふるす |
| 一十十古古 |

⑤ （　）きの つち。

④ （　）ほんを かう。

③ （　）さいきの。

---

2 （　）に やみがなを、□に かん字を かきましょう。 [十かく③]

牛・鳥・米・麦・広

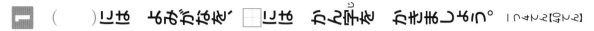

1 （　）には よみがなを、□には かん字を かきましょう。 1つ5てん【40てん】

牛
よみかた	
おん	キュウ
くん	うし

4かく　ノ ⌐ 二 牛

つきだす　はらう

① 大きな 牛。
（　　　）

② 牛にゅうを のむ。
（　　　）

③ 牛肉を たべる。
（　　　）

④ □牛を かう。

⑤ □牛にゅうパック

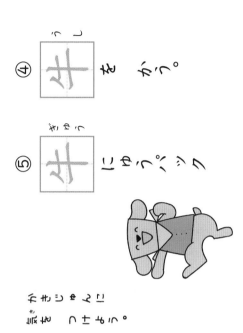

ぎゅうにゅうパックに
気を つけよう。

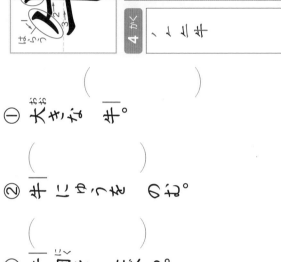

鳥
よみかた	
おん	チョウ
くん	とり

11かく　丿 ⌐ ⌐ ⌐ ⌐ 白 鳥鳥鳥鳥鳥

なかく　はねる

① 鳥が ふえする。
（　　　）

② つばめは わたり鳥だ。
（　　　）

③ 白鳥が およいで くる。
（　　　）

④ □鳥が とぶ。

⑤ は□く ち□う
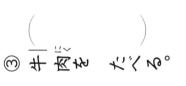

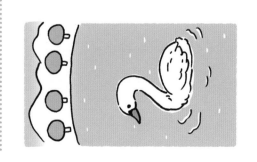

（　）には よみがなを、□には かん字を かきましょう。 [一もん5てん]

広

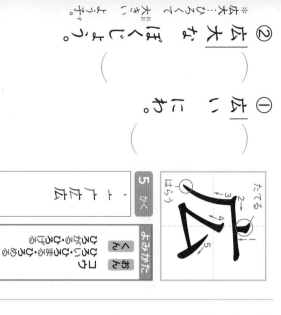

よみかた
 オン コウ
くん ひろい・ひろまる・ひろめる
ひろがる・ひろげる

5かく
一 广 広

① 広い
（　　）にわ。

② 広大な
（　　）ぼくじょう。
＊広大…広くて大きいこと。

③ 広い
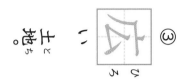
土地。

④ ちずを

げる。

⑤
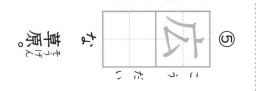
い
草原。
＊草原…草げん
そう原。

麦

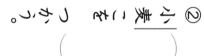

よみかた
オン バク
くん むぎ（バク）

7かく
一 十 丰 表 麦

① 麦が
（　　）みのる。

② 小麦を
（　　）ひいて
こな に する。

③ 麦ばたけ。
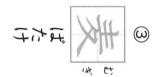
むぎ

④ 麦茶を
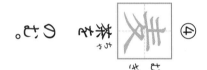
のむ。
むぎちゃ

⑤ 麦わらぼうし。

むぎ

米

よみかた
オン ベイ・マイ
くん こめ

6かく
い ソ 半 米

① 米を
（　　）とぐ。

② 米国に
（　　）すむ。
＊米国…アメリカがっしゅうこくのこと。

③ お米を

やく。

④ 米国に

すむ。

⑤ 新米を

たべる。
＊新米…その年にとれた、あたらしいこめ。

こたえ ● 79ページ

30

冬・雪・明・色・合

1 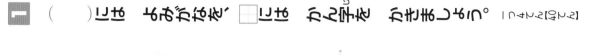 （　）には よみがなを、□には かん字を かきましょう。[一つ4てん【84てん】]

よみかた	おん	トウ
	くん	ふゆ
5かく	ノ クタ冬冬

④
ふゆ き す
冬　み

⑤
とう
冬　みんする くま。

（　　　　）
① 冬は さむい。

（　　　　）
② 冬休みに なる。

（　　　　）
③ くまが 冬みんする。

目・五ふく目の
てんの むきに
ちゅういしよう。

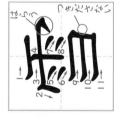

よみかた	おん	セツ
	くん	ゆき
11かく	一 一 一 一 干 干 雪雪雪雪雪

④
ゆき き
雪　が ふる。

⑤
しん せつ
新雪　が して
※新せつ…あたらしく
ふったゆき。

（　　　　）
① 雪だるまを つくる。

（　　　　）
② 雪が せんを する。

（　　　　）
③ じょ雪車が はしる。
※じょ雪車…せんろや どうろなどの ゆきを
とりのぞく 車。

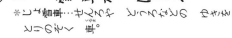

2

（　）には よみがなを、□には かん字を かきましょう。 [かん字①②]

台 5かく

よみかた　ダイ・タイ　―

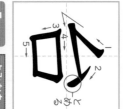

台台台台台

② 台風が（　）へる。

① みを台に（　）上がる。

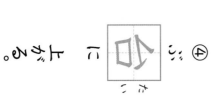

⑤（台）の車。

④（台）ぶに上がる。

③（台）どころに立つ。

色 6かく

よみかた　ショク・シキ　いろ

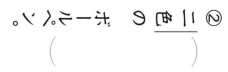

色色色色色色

② 二色のボールペン。

① 赤い（　）色。

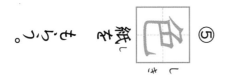

⑤（色）紙をもらう。

④（色）でぬる。

③ 黄（色）のぼうし。

明 8かく

よみかた　メイ・ミョウ　あかり・あかるい・あきらか・あく・あける・あくる・あからむ・あからめる・あける

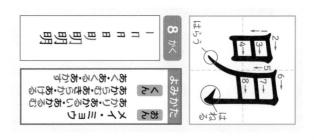

明明明明明明明明

② わくへせつ明する。

① 明るい（　）あかり。

⑤（明）せいをきく。

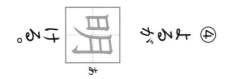

④（明）るがるよあける。

③（明）るいあかり。

31 自・体・着・多・少

1　（　）には よみがなを、□には かん字を かきましょう。　1つ5てん〔50てん〕

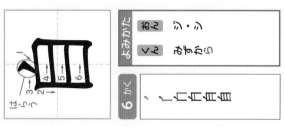

よみかた
おん　ジ・シ
くん　みずか（ら）

6かく　ノ 亻 亣 自 自 自

① 自ら はなす。（　）
② 自分の 名前。（　）
③ 自せんを まもる。（　）

④ 自ら しらべる。（みずか）
⑤ 自ど車に のる。（じ）

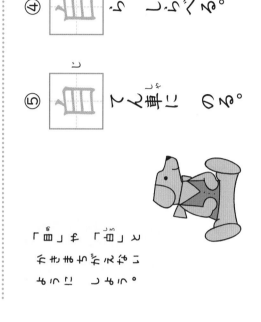

「自」を「白」と
かきまちがえないように
しよう。

よみかた
おん　タイ・（テイ）
くん　からだ

7かく　ノ 亻 仁 什 仕 休 体

① 大きな 体。（おお）（　）
② 体いくの じかん。（　）
③ 体じゅうを はかる。（　）

④ 体を きたえる。（からだ）
⑤ じゅんび体そう。（たい）

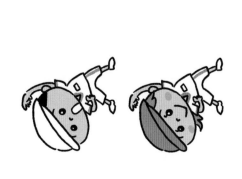

2 （　）は よみがなを、□は かん字を かきましょう。〔ひとつ8てん〕

4かく

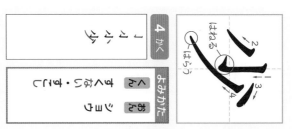

よみかた
おん ショウ
くん すくない・すこし

かきじゅん　丿　小　少

① かずが 少ない。（　　　）
② 少年の はなしを きく。（　　　）

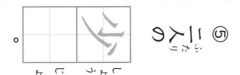
⑤ 人□の 少ない。

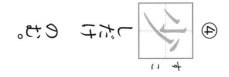
④ 少しだけ のむ。

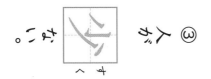
③ 人が 少ない。

6かく

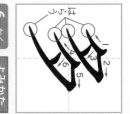

よみかた
おん タ
くん おおい

かきじゅん　ク　タ　タ　多　多

① 車が 多い。（　　　）
② 多数の 人たち。（　　　）

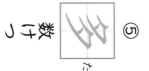
⑤ 多□数け

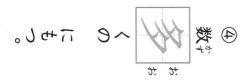
④ 数が 多□の。ぶつ。

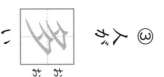
③ 人が 多□。

9かく

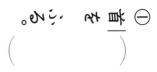

よみかた
おん シュ
くん くび

かきじゅん　丷　丷　广　首　首　首　首　首　首

① 首を ふる。（　　　）
② 日本の 首都は 東京だ。（　　　）

⑤ アメリカの 首□と。

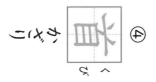
④ 首□かざり。

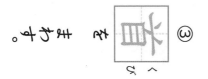
③ 首□を まわす。

1 （　）には よみがなを、□には かん字を かきましょう。 [1もん4てん/40てん]

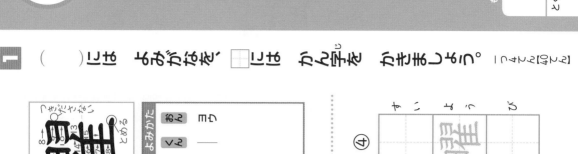

よみかた
おん　ヨウ
くん　——

18かく
丨 冂 冃 日 日¹ 日² 日³ 日⁴ 日⁵ 日⁶ 日⁷ 晒 晒 晒 晒 曜 曜 曜

① （　　　）
日 曜 日

② （　　　）
月 曜 日

③ （　　　）
火 曜 日

④ すこ　よう　び
□曜□

⑤ もく　よう　び
□曜□

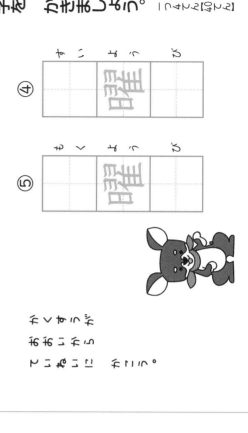

かくすうが
おおいから
ていねいに かこう。

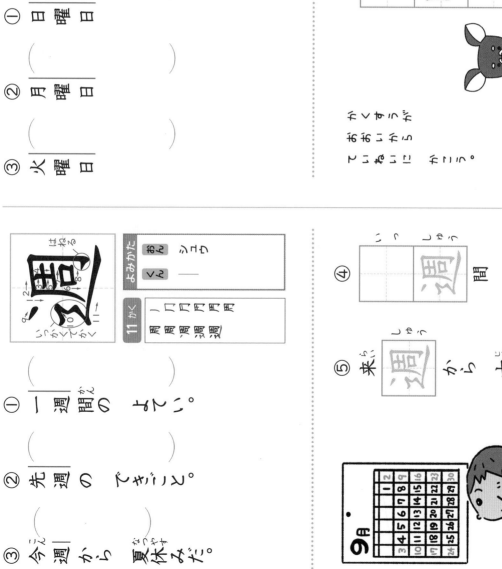

よみかた
おん　シュウ
くん　——

11かく
丿 冂 门 円 円 円 円 周 周 週 週

① （　　　）
一 週 間の よてい。

② （　　　）
先 週の できごと。

③ （　　　）
今 週から 夏休みだ。

④ こん　しゅう
□週間

⑤ らい　しゅう
来□週□から 十月だ。

9月

67

刀（2かく）

よみかた　へん　かたな　／　おん　トウ

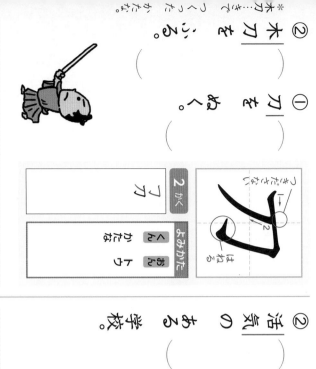

① （　）を ぬく。

② 木刀を ふる。
＊ぼく刀…木で つくった、かたなの かたちを した どうぐ。

③ 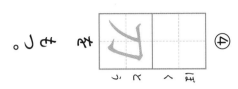　かたなを さす。

④ 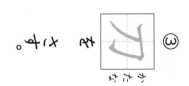　ほうちょうを とぐ。

⑤ 　こがたな

活（9かく）

よみかた　へん　⺡　／　おん　カツ

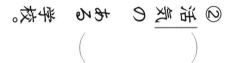

活活活活活活活活活

① 生活を する。

② 活気の ある 学校。

③ 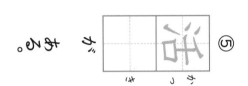　せいかつ

④ 　クラスかつどう

⑤ 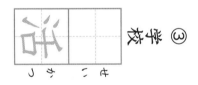　かつきが ある。

公（4かく）

よみかた　へん　八（はちがしら）　／　おん　コウ

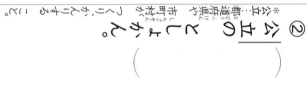

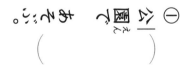　公公公公

① 公園で あそぶ。

② 公立の としょかん。
＊こう立…国・都道府県・市町村が つくったり うんえいしたり する こと。

③ 　きんぎょの　公園

④ 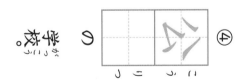　こうりつの 学校

⑤ 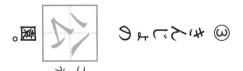　こうきょうに でかける。
＊こうきょう…おおやけの ばしょや たてもの。

2　（　）は（　）に かん字を、□には かん字と おくりがなを 書きましょう。〔1もん2てん(20てん)〕

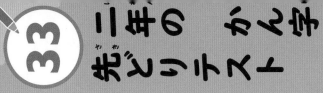

なまえ

もくひょう 15ふん

月 日

とくてん

てん

1 ――せんの かん字の よみがなを かきましょう。 1つ4てん【40てん】

① 地めんに すわる。（　　　　）
② 大きな 国。（　　　　）
③ かしこい 姉。（　　　　）
④ 明るい でんき。（　　　　）
⑤ 牛にゅうを かう。（　　　　）
⑥ 公園の ベンチ。（　　　　）
⑦ 自分の こえ。（　　　　）
⑧ 古い 日記。（　　　　）
⑨ うたを 教える。（　　　　）
⑩ 黄色い リボン。（　　　　）

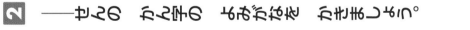

2 ――せんの かん字の よみがなを かきましょう。 1つ3てん【15てん】

① 車が 少ない。（　　　　）
　少年の ゆめ。（　　　　）
　少しだけ たべる。（　　　　）

② 太ようが のぼる。（　　　　）
　太い ぼう。（　　　　）

4 ——から、ひらがなに あてはまる かん字を えらんで かきましょう。　【1つ4てん/12てん】

① 　　　（　　　　　）かぶ。

② 　　　（　　　　　）と こども。

③ あたら（　　　　　）しい 先生。

新　細　親

3 □に あてはまる かん字を、——から えらんで かきましょう。　【1つ3てん/33てん】

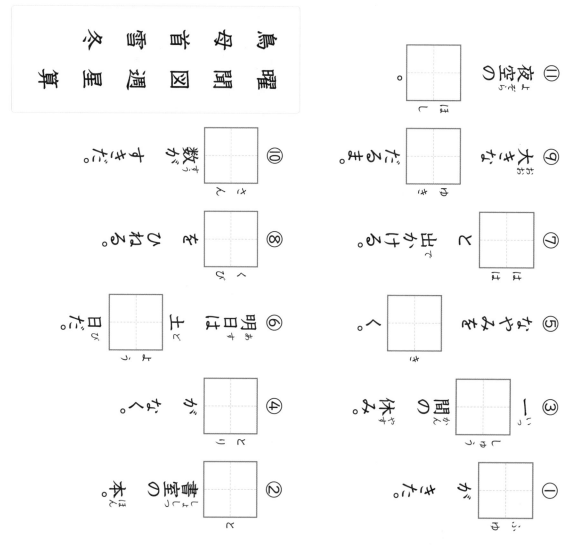

① ふゆ □ が ___。

③ □ しゅう 間の やすみ。

⑤ なみを □ き く。

⑦ □ はは と □ ちち で出かける。

⑨ 大きな □ ゆき だるま。

⑪ 夜空の □ ほし。

② □ ず 書室の 本。

④ □ とり が なく。

⑥ 明日は □ ど よう日だ。

⑧ □ くび を ひねる。

⑩ 数が □ さん すきだ。

鳥　曜　母　聞　首　図　雪　週　冬　星　算

① 一・右・雨・円・王　5〜6ページ

1 ①雨 ②右 ③千円 ④王 ⑤雨 ⑥一月
⑦一口 ⑧右 ⑨王 ⑩円 ⑪一本 ⑫雨
⑬円 ⑭右手 ⑮雨 ⑯王女

2 ①右足 ②女王 ③一 ④雨天 ⑤一円
⑥雨 ⑦一 ⑧五百円 ⑨右 ⑩大雨 ⑪円
⑫右 ⑬王 ⑭一年生 ⑮円 ⑯左右 ⑰王

クイズ ①（①「うてん」、②「おおあめ」、③「あまやどり」と読みます。）

●アドバイス

1 ①⑤⑫⑮「雨」は、点の向きを逆に書かないよう注意させましょう（2の④⑥⑩も同じ）。「雨」には「う」「あめ」「あま」の読みがあります。熟語として覚えるとよいでしょう。

②⑧⑭「右」の書き順（ノナオ右右）に気をつけさせましょう（2の①⑨⑫⑯も同じ）。

④⑨⑯「王」は「玉」と形が似ています。気をつけさせましょう（2の②⑬⑰も同じ）。また「王」は、「おお」ではなく「おう」と読みます。読みにも気をつけさせましょう。

⑩「円い」は、「円い皿」など、一般的に平面的なものに使います。球形のものには「丸い」を使います。

② 音・下・火・花・貝　7〜8ページ

1 ①音 ②川下 ③貝 ④花 ⑤下 ⑥火
⑦花 ⑧音 ⑨貝 ⑩下 ⑪火 ⑫音 ⑬火
⑭貝 ⑮音 ⑯花

2 ①火花 ②音 ③下 ④火 ⑤貝 ⑥火力
⑦花 ⑧貝 ⑨花 ⑩音 ⑪下 ⑫火
⑬下 ⑭足音 ⑮下 ⑯花火 ⑰上下

クイズ ③（①「たなばた」、②「かじ」、③「ひばな」と読みます。）

●アドバイス

1 ②⑤⑩「下」には、「カ」「ゲ」「した」「しも」「さ-げる」「くだ-る」「お-ろす」など、読みがたくさんあります。音読は熟語で覚えるとよいでしょう。訓読みは、「下げる」「下る」「下ろす」と、送りがなのつけ方によって、読み方がちがいます。気をつけさせましょう（2の③⑪⑬⑮⑰も同じ）。

③⑨⑭「貝」は、「見」と形が似ています。下の部分の形を、丁寧に書かせましょう（2の⑤⑧も同じ）。

⑬「たなばた」、⑭「まちがう」、⑯「おしばな」など、上につく言葉によって、「火」「貝」「花」は、濁って読むことがあるので、気をつけさせましょう（2の①⑧⑯も同じ）。

③ 学・気・九・休・玉　9〜10ページ

1 ①学 ②九 ③気 ④休日 ⑤目玉 ⑥気
⑦九 ⑧一休 ⑨休 ⑩九 ⑪学年 ⑫九月
⑬玉入 ⑭気 ⑮休 ⑯学

2 ①玉 ②玉 ③九 ④九日 ⑤気 ⑥休
⑦水玉 ⑧小学生 ⑨休 ⑩気 ⑪休 ⑫学
⑬五円玉 ⑭休 ⑮学 ⑯気 ⑰九

クイズ ③（①「きゅうけん」、②「ここのか」、③「くがつ」と読みます。）

●アドバイス

1 ①⑪⑯「学」の上の「ツ」の形に気をつけさせましょう（2の⑧⑫⑮も同じ）。

②⑦⑩⑫「九」の書き順（ノ九）はまちがえやすいので、気をつけさせましょう（2の③④⑰も同じ）。

③⑥⑭「気」の「キ」と「ケ」の読み分けに気をつけさせましょう（2の⑤⑩⑯も同じ）。

⑤⑬「玉」の最後の点のつけ忘れに気をつけさせましょう（2の①②⑦⑬も同じ）。

5 かんじテスト① 13〜14ページ

1
① 水玉　② 月　③ 木
④ 空　⑤ 右　⑥ 川
⑦ 雨　⑧ 金　⑨ 王
⑩ 貝

2
① 九　② 学校　③ 休め

3
① 犬・花

4
① か・な　② おと・ん・ね
③ き・け　④ だ・し・え
⑤ える・まい

<アドバイス>
① 「王」「玉」のちがいに気をつけましょう。「玉」の点をわすれないようにしましょう。

② 「月」は「にくづき」という言葉で、「月へん」…「つき」と言います。一画目、二画目は「月へん」の「月」がちょっと細くなります。

<クイズ>
② 「きん」「かね」と読みます。
③ 「おおぞら」と読みます。

---

4 金・空・月・犬・見 11〜12ページ

1
① 金　② 月　③ 川　④ 空気　⑤ 見
⑥ 犬小　⑦ 空　⑧ 月日　⑨ 空
⑩ 月　⑪ 金　⑫ 犬

2
① 犬　② 大空　③ 花見　④ 月日
⑤ 見　⑥ 金　⑦ 空見　⑧ 金日
⑨ 大小　⑩ 金　⑪ 金　⑫ 空見
⑬ 子犬　⑭ 金　⑮ 見　⑯ 空
⑰ 空　⑱ 見

<クイズ>
② ① 「いぬ」「けん」と読みます。
③ ② 「おおぞら」「くう」と読みます。

<アドバイス>
1
⑥⑦⑫⑭ 「金」の書き順（ノ へ ト 干 干 全 全 金）に気をつけましょう。

2
⑩⑪⑫⑭ 「見」の読み方に気をつけましょう。

2
④⑧⑬ 「見」「貝」の形のちがいに気をつけましょう。

2
① ③⑥⑨⑯⑰ 「空」は訓読みが「あ‐く」「から」「あ‐ける」「そら」、音読みが「クウ」などあります。四画目・五画目の「ン」の使い方を確かめましょう。「空」の字形に気をつけましょう。

2
① ⑤ 「犬」は最後の点をわすれないように気をつけましょう。

2
⑥⑧ も同じ。

---

6 五・口・校・左・三 15〜16ページ

1
① 左手　② 五　③ 左　④ 三　⑤ 人
⑥ 口　⑦ 五　⑧ 校　⑨ 左　⑩ 口
⑪ 三　⑫ 五　⑬ 左

2
① 口　② 校　③ 左　④ 口　⑤ 三
⑥ 人　⑦ 五　⑧ 三　⑨ 月日　⑩ 五
⑪ 三　⑫ 三　⑬ 左　⑭ 左　⑮ 口
⑯ 足　⑰ 学校

<アドバイス>
<クイズ>
①

1
①③⑬ 「左」の書き順（一 ナ 左 左 左）は、一・二画目は「ナ」となり、左右を書く向きがちがうので、混同しないように気をつけましょう。

2
⑧⑬ 「右」「左」の書き順のちがいに気をつけましょう。

2
③④⑦ 「校」「木」の「キ」と「ギ」のちがいに気をつけましょう。左側を短く、右側を長く書きます。

2
②⑥⑫ 「三」の三本の横棒は、真ん中の横棒を短く書きます。

2
①④⑯ 「口」は、三画で書きます。気をつけましょう。（同じ。）

3
① 「花」は「はな」、「犬」は「いぬ」と同じ音の漢字ですが、意味のちがう問題です。②の「花」は「一番」を「花」と書く問題です。「花」は音訓異字の問題です。

4
① 「下」の④「くだ（る）」の送りがなに気をつけましょう。熱語や数字の読みが変わるので、「下」は「おり（る）」、「くだ（る）」と読みがあるので、「下」の読みに気をつけましょう。複数の読みのある漢字の読みの問題です。

⑦ 山・子・四・糸・字 17〜18ページ

１ ①山 ②糸車 ③王子 ④文字 ⑤四日
⑥糸 ⑦火山 ⑧四 ⑨子 ⑩糸 ⑪四
⑫字 ⑬山 ⑭四 ⑮糸 ⑯子

２ ①子 ②字 ③四 ④山 ⑤糸 ⑥山 ⑦糸
⑧字 ⑨子 ⑩子 ⑪名字 ⑫山 ⑬四日
⑭子 ⑮四月 ⑯糸 ⑰山

クイズ ②

●アドバイス

１ ①⑦⑬「山」は一画目を長く書きます。書き順（一山山）に気をつけさせましょう（**２**の④⑥⑫⑰も同じ）。⑦「火山（かざん）」は、「サン」の読みを「ザン」と濁って読みます。読みにも気をつけさせましょう。

②⑥⑩⑮「糸」は六画で書きます。画数を確認しながら書かせましょう（**２**の⑤⑦⑯も同じ）。

③⑨⑯「子」は三画で書きます。一画目と二画目を続けて書かないように気をつけさせましょう（**２**の①⑨⑩⑭も同じ）。

④⑫「字」は「学」と形が似ています。上の部分の違いに気をつけさせましょう（**２**の②⑧⑪も同じ）。

⑤⑧⑪⑭「四」を「目」としないように気をつけさせましょう。三画目ははらって書き、四画目は曲げて書きます（**２**の③⑬⑮も同じ）。

⑧ 耳・七・車・手・十 19〜20ページ

１ ①十五 ②七 ③車 ④耳 ⑤手 ⑥車
⑦十日 ⑧七月 ⑨車 ⑩耳 ⑪十本
⑫七日 ⑬空耳 ⑭手 ⑮十人十 ⑯手

２ ①耳 ②七五三 ③手 ④十日 ⑤車 ⑥手
⑦耳 ⑧手 ⑨七本 ⑩車 ⑪十円 ⑫七
⑬耳 ⑭車 ⑮七 ⑯手 ⑰車

クイズ ①

●アドバイス

１ ①⑦⑪⑮「十」は、横画→縦画の順に書きます。気をつけさせましょう（**２**の④⑪も同

②⑧⑫「七」の書き順（一七）に気をつけさせましょう（**２**の②⑦⑫⑮も同じ）。

③⑥⑨「車」は、真ん中の縦棒は最後に書きます。気をつけさせましょう（**２**の⑤⑩⑭⑰も同じ）。

④⑩⑬「耳」の書き順（一二千千耳耳）に気をつけさせましょう。五画目ははらって書き、六画目の右に少し出して書きます（**２**の①⑦⑬も同じ）。

⑤⑭⑯「手」の一画目は右から左にはらって書き、四画目の終わりは、はねて書きます（**２**の③⑥⑧⑯も同じ）。

⑨ 出・女・小・上・森 21〜22ページ

１ ①出 ②小学校 ③女 ④出 ⑤小 ⑥上
⑦男女 ⑧森林 ⑨女 ⑩上 ⑪小 ⑫上
⑬女 ⑭出 ⑮上 ⑯出口

２ ①森林 ②小 ③上 ④小 ⑤川上 ⑥女
⑦小川 ⑧出 ⑨女 ⑩出 ⑪上 ⑫女子
⑬森林 ⑭出 ⑮小 ⑯上 ⑰森

クイズ ③（①「じょう」が「こう」、②「おがわ」、③「にゅう」と読みます）

●アドバイス

１ ①④⑭⑯「出」の書き順（一屮屮出出）に気をつけさせましょう（**２**の⑧⑩⑭も同じ）。①「出る（でる）」と④「出す（だす）」の読み方と送りがなにも気をつけさせましょう。

②⑤⑪「小」の一画目は真ん中の縦画ではねて書きます。気をつけさせましょう（**２**の②④⑦⑮も同じ）。

③⑦⑨⑬「女」の書き順（く女女）に気をつけさせましょう（**２**の⑥⑨⑫も同じ）。

⑥⑩⑫⑮「上」には、「ジョウ」「うえ」「うわ」「あーがる」など、読みがたくさんあります。熟語や文の中での使い方、送りがなに気をつけさせましょう。書き順（一上上）にも気をつけさせましょう（**２**の③⑤⑪⑯も同じ）。

73

二 人・生・正・水・青

25〜26ページ

1
①先生 ②正 ③人 ④水 ⑤水 ⑥人気 ⑦正 ⑧生目 ⑨水 ⑩雨水 ⑪生 ⑫正 ⑬人 ⑭人 ⑮正 ⑯青 ⑰青年

2
①人 ②正 ③青 ④生 ⑤水 ⑥生 ⑦水 ⑧生目 ⑨人 ⑩青空 ⑪人 ⑫正 ⑬人 ⑭人 ⑮正 ⑯青

①生 ②青 ③人気 ④生 ⑤水 ⑥正

②アンサー

クイズ ①

①生

10 まとめテスト②

23〜24ページ

1
①十木字 ②千 ③口 ④女 ⑤左 ⑥耳 ⑦糸 ⑧十 ⑨森 ⑩山

2
①かい ②う ③上 ④小 ⑤左 ⑥五

3
①口 ②川 ③山

4
①こ・しょう ②こ・こ ③つち・し ④で・しゅつ ⑤くる・しゃ

②アンサー

11 青・石・千・赤・川

27〜28ページ

1
①石 ②川 ③赤 ④川 ⑤石 ⑥赤 ⑦川 ⑧石 ⑨川 ⑩赤 ⑪赤 ⑫十 ⑬夕 ⑭赤 ⑮石 ⑯下
①石 ②川 ③赤 ④石 ⑤千 ⑥日 ⑦赤 ⑧人 ⑨夕 ⑩赤 ⑪夕 ⑫川 ⑬夕 ⑭石 ⑮石 ⑯千

2
①夕 ②赤 ③川 ④石 ⑤十 ⑥赤 ⑦石 ⑧川 ⑨川 ⑩石 ⑪十 ⑫十 ⑬夕 ⑭石 ⑮石 ⑯十

②アンサー

クイズ ②

12 夕・石・赤・千・川

27〜28ページ

13 先・早・草・足・村 29〜30ページ

1 ①足 ②村人 ③先 ④山村 ⑤早 ⑥五足
⑦先 ⑧草 ⑨村 ⑩先 ⑪早 ⑫足
⑬先日 ⑭手足 ⑮早 ⑯草花

2 ①早 ②足 ③村 ④足 ⑤草 ⑥村 ⑦草
⑧早口 ⑨草 ⑩先 ⑪足 ⑫先月 ⑬早
⑭村 ⑮早足 ⑯先 ⑰草

クイズ ②

アドバイス

1 ①⑥⑪⑫⑭「足」は形のとりにくい漢字です。一画ずつ丁寧に書かせましょう（2の②④⑪⑮も同じ）。靴などのはき物を数えるときには「足」を使う（⑥「五足」）ことも覚えさせましょう。

②④⑨「村」の六画目は、きちんとはねて書かせましょう（2の③⑥⑭も同じ）。

③⑦⑩⑬「先」の最後は、はねて書きます。気をつけさせましょう（2の⑩⑯も同じ）。

⑤⑪⑮「早」の縦画は上につき出しません。「日」＋「十」の形です。気をつけさせましょう（2の①⑧⑬⑮も同じ）。

⑧⑯「草」の「艹」を「艹」などとしないように気をつけさせましょう（2の⑤⑦⑨⑰も同じ）。

14 大・男・竹・中・虫 31〜32ページ

1 ①虫 ②男 ③竹 ④中 ⑤大小 ⑥水中
⑦竹 ⑧大男 ⑨大 ⑩一日中 ⑪竹林
⑫虫 ⑬男子 ⑭中 ⑮竹 ⑯大

2 ①大 ②竹 ③虫 ④大 ⑤中学生 ⑥大
⑦男 ⑧中 ⑨大 ⑩男 ⑪中 ⑫虫 ⑬大
⑭男 ⑮虫 ⑯竹 ⑰虫

クイズ ②（①「こんちゅう」、②「かぶとむし」、③「ようちゅう」と読みます。）

アドバイス

1 ①⑫「虫」の五画目は、少し右上がりに書きます（2の③⑫⑮⑰も同じ）。

②⑧⑬「男」は、「田」と「力」を組み合わせた漢字です。田んぼで力を出して働く「お

とこ」を表しています（2の⑦⑩⑭も同じ）。

②「長男（ちょうなん）」の読み方にも気をつけさせましょう。

③⑦⑪⑮「竹」は三画目は止めて書きますが、六画目は、はねて書きます。気をつけさせましょう（2の②⑯も同じ）。

④⑥⑩⑭「中」の真ん中の縦画は最後に書きます。気をつけさせましょう（2の⑤⑧⑪も同じ）。

⑤⑧⑨⑯「大」の二画目と三画目は、はらって書きます。気をつけさせましょう（2の①④⑥⑨⑬も同じ）。⑤「大小」は反対の意味の漢字を組み合わせた熟語です。

15 かくにんテスト③ 33〜34ページ

1 ①夕日 ②草 ③早 ④男 ⑤竹 ⑥水
⑦村 ⑧青空 ⑨中学生 ⑩川

2 ①正しい ②大きい ③生まれる

3 ①石・赤 ②先・千

4 ①そく・た・あし ②じん・ひと・にん
③そう・はや ④じゅう・なか ⑤ちゅう・むし

アドバイス

1 ④「男の人」のことを「男せい」と言います。読み方も言葉も覚えさせましょう。

2 ①「正だしい」としないように気をつけさせましょう。

②「大おきい」「大い」としないように気をつけさせましょう。読み方も「おうきい」ではないので、気をつけさせましょう。

③「生」には「生まれる」の他にも「生きる」「生かす」「草が生える」「生やす」などたくさんの訓読みがあります。文の中の使い方で覚えさせましょう。

3 同音異字の問題です。正しく書き分けさせましょう。

4 複数の読みがある漢字の読み問題です。

③「早はや」の読みを「そおだ」としないように気をつけさせましょう。

④「一日中」の「ジュウ」の読みに気をつけさせましょう。

右上段の続き：

れる気持ちを表します。

「人」は「へ」、「入」は「ひ」と気をつけましょう。形が似ています。

「入れる」「入り口」などの「入」は、同じ②の⑥⑪①

2 「人」「入」に気をつけましょう。

● アドバイス

クイズ ② (一)は「ち」、②「しん」、③「なが(い)」と読みます。

⑰ 37〜38ページ
日・人・年・白・入・ン

2
①空音 ②白学 ③白 ④年 ⑤日 ⑥白 ⑦年 ⑧日 ⑨白 ⑩白 ⑪四 ⑫人 ⑬音白 ⑭年 ⑮日 ⑯白 ⑰ン

1
①人 ②白 ③白 ④年 ⑤ン ⑥日 ⑦年 ⑧日 ⑨白 ⑩日 ⑪日 ⑫白 ⑬人 ⑭年 ⑮日 ⑯日 ⑰人
①人 ②白 ③人 ④年 ⑤白 ⑥日 ⑦年 ⑧白 ⑨月 ⑩日 ⑪人 ⑫王 ⑬白 ⑭日 ⑮日 ⑯人

「白」の書き順 (1〜五)に気をつけましょう。

「人」「入」の形、書き順に気をつけましょう。同じ②の⑦②③⑥⑯もです。

「町」の十一画目は、長く書くように気をつけましょう。同じ②の⑤⑧⑫⑮もです。

「川」は、下の横棒を長く書くように気をつけましょう。同じ②の③⑦⑩⑭もです。

「田」の書き順 (1〜口ヨ田)に気をつけましょう。同じ②の③⑦⑩⑬もです。

1 ①天 ②⑧の「天」は、上の横棒を長く書く

● アドバイス

クイズ (一)

⑯ 35〜36ページ
町・天・田・土・川

2
①田 ②川 ③天 ④川学 ⑤田 ⑥土 ⑦町 ⑧町 ⑨天気 ⑩田 ⑪川 ⑫町 ⑬土 ⑭川 ⑮田 ⑯川 ⑰町
①天 ②川 ③天 ④川学 ⑤町 ⑥土 ⑦町 ⑧土 ⑨天 ⑩川 ⑪土 ⑫川 ⑬田 ⑭川 ⑮川 ⑯町
①天 ②川 ③川 ④天学 ⑤町 ⑥土 ⑦田 ⑧町 ⑨天 ⑩土 ⑪川 ⑫町

左段（上から）：

）。

「木」の五画目の横を忘れないように。同じ②の③⑧⑤もです。

同じ②の⑫⑭⑩④です。

それぞれの読み方があります。熟語の読みがなをそれぞれ覚えましょう。同じ②の①⑦「ボク」「モク」に気をつけ「木」には「ボク」「モク」と

2 ⑤「百」の促音などがあることに気をつけましょう。数を数えることばに「百」があることに気をつけ

同じ②の⑨②⑤もです。

2 「白」「百」は形が似ていますが

同じ②の②⑦⑨もです。

1 「文」の書き順 (1〜文)に気をつけ

● アドバイス

クイズ ② (一)は「じん」、②「へん」、③「キ」、「み」と読みます。

2
①天 ②木 ③名 ④名 ⑤手 ⑥名
⑦木 ⑧百 ⑨文 ⑩名 ⑪名 ⑫木
⑬木 ⑭名 ⑮百 ⑯木 ⑰人

1
①天 ②百 ③文 ④名 ⑤手名 ⑥木
⑦十百 ⑧百 ⑨木名 ⑩文 ⑪文 ⑫木
⑬木 ⑭手名 ⑮手 ⑯気 ⑰文
①名 ②百 ③木 ④名 ⑤百 ⑥手
⑦木 ⑧名 ⑨文 ⑩文 ⑪文 ⑫木

⑱ 39〜40ページ
百・文・木・名

同じ②に気をつけましょう。

2 ⑤⑦⑩の「百」や「白」「日」のちがいに

同じ②の①⑮⑪④⑨⑧はそれぞれの読み方です。「白」「百」「日」「目」「目」に気をつけ

読みがなを覚えましょう。読み方があります。熟語の

2 「口」「日」「目」「白」「百」に気をつけましょう。同じ②の④⑦⑧⑥の

けましょう。「ン」の書く位置に気をつ「手」の三画目、四画目に気を「ン」の四画目は、三画目の上に付く「ン」の四画目は、三画目の上に付

同じ②の④⑦⑫です。

19 目・立・力・林・六 41〜42ページ

1 ①山林 ②力 ③林 ④六年生 ⑤立 ⑥目
⑦立 ⑧林 ⑨目 ⑩六 ⑪立 ⑫力 ⑬林
⑭力 ⑮六 ⑯目

2 ①目 ②六 ③力 ④目 ⑤立 ⑥力
⑦六日 ⑧立 ⑨林 ⑩林 ⑪力 ⑫目
⑬六 ⑭立 ⑮目 ⑯林 ⑰六人

クイズ ②(①「もくひょう」②「めもり」③「ちゅうもく」と読みます。)

アドバイス

1 ①③⑧⑬「林」の四画目は短く止めて書き、八画目ははらって書きます。気をつけさせましょう(**2**の⑨⑩⑯も同じ)。

②⑫⑭「力」の書き順(フカ)に気をつけさせましょう。一画目は、はねて書きます。気をつけさせましょう(**2**の③⑥⑪も同じ)。

④⑩⑮「六」の三画目ははらって書き、四画目は止めて書きます。気をつけさせましょう(**2**の②⑦⑬⑰も同じ)。日付を言うときには、「六日(むいか)」と読みます。覚えさせましょう(**2**の⑦)。

⑤⑦⑪「立」の二本の横棒は、下を長く書きます。気をつけさせましょう(**2**の⑤⑧⑭も同じ)。⑪「さか立ち(さかだち)」と濁って読むこともあるので、読み方にも気をつけさせましょう。

⑥⑨⑯「目」は、「日」に形が似ているので、気をつけさせましょう(**2**の①④⑫⑮も同じ)。

20 かくにんテスト④ 43〜44ページ

1 ①町 ②文 ③三 ④土 ⑤本 ⑥八日
⑦林 ⑧年下 ⑨百 ⑩名

2 ①立てる ②入る ③六つ

3 ①天・雨 ②木・目

4 ①りょく・りき・ちから
②しろ・はく・しら ③ど・と
④みょう・めい ⑤だ・てん

アドバイス

1 ①⑦「林」と「森」を混同しないようにさせましょう。

2 ②「くいる」とならないように気をつけさせましょう。「入る(はいる)」と「入れる(いれる)」の読み方と送りがなのつけ方をしっかり区別させましょう。

3 同音異字の問題です。正しく書き分けさせましょう。

4 複数の読みがある漢字の読み問題です。
①「力」の「リョク」「リキ」の読み分けは、それぞれの言葉で正しく覚えさせましょう。
②「白」の「しろ」「しら」「ハク」の読み分けは、それぞれの言葉で正しく覚えさせましょう。
③「土」の「ド」「ト」の読み分けは、それぞれの言葉で正しく覚えさせましょう。
④「名」の「ミョウ」「メイ」の読み分けは、それぞれの言葉で正しく覚えさせましょう。

21 一年の ぜんかんテスト① 45〜46ページ

1 ①村 ②竹 ③目 ④花火 ⑤田 ⑥人 ⑦人
⑧森 ⑨学校 ⑩女 ⑪土 ⑫七月七日
⑬天 ⑭足音 ⑮千 ⑯気

2 ①木 ②出 ③左右 ④本 ⑤正 ⑥五円玉
⑦人口 ⑧見 ⑨空 ⑩名 ⑪月 ⑫金
⑬一 ⑭力 ⑮八月八日 ⑯学 ⑰山

アドバイス

1の②、**2**の⑮の日付の読み方もしっかり覚えさせましょう。

22 一年の ぜんかんテスト② 47〜48ページ

1 ①先 ②小 ③中 ④大 ⑤名字 ⑥男子
⑦花 ⑧足 ⑨口 ⑩虫 ⑪車 ⑫文
⑬右手 ⑭川 ⑮目 ⑯九月九日

2 ①見 ②白 ③水 ④六年生 ⑤町 ⑥雨
⑦目 ⑧大 ⑨子 ⑩左 ⑪四月四日 ⑫手
⑬名 ⑭下 ⑮上 ⑯空 ⑰貝

23 一年の ぜんかん字テスト③ 49〜50ページ

1 ①耳 ②早 ③下 ④先生 ⑤林 ⑥円 ⑦入学 ⑧青 ⑨糸 ⑩夕 ⑪休 ⑫石 ⑬出 ⑭音 ⑮五月五日 ⑯力

2 ①二 ②木 ③一日中 ④正 ⑤九 ⑥草 ⑦休 ⑧赤 ⑨百 ⑩金 ⑪立 ⑫小学生 ⑬年下 ⑭王 ⑮十日 ⑯大 ⑰三

24 父・母・親・姉・兄 51〜52ページ

1 父…①ちち ②ちち ③ふ ④父 ⑤父
母…①はは ②はは ③ぼこう ④母 ⑤母

2 親…①おやこ ②した ③親 ④親 ⑤親
姉…①あね ②あね ③姉 ④姉 ⑤姉
兄…①あに ②きょう ③兄 ④兄 ⑤兄

アドバイス

1 父 「父」の三画目と四画目の書き順に気をつけさせましょう。

母 「母」を「毋」と書かないように気をつけさせましょう。

2 親 「親しい」の送りがなに気をつけさせましょう。

兄 「兄」の五画目ははねて書きます。気をつけさせましょう。

25 谷・岩・地・星・晴 53〜54ページ

1 谷…①たにがわ ②たに ③たに ④谷 ⑤谷
岩…①いわ ②いわ ③がんせき ④岩 ⑤岩石

2 地…①とち ②じ ③土地 ④地下 ⑤地
星…①ほしぞら ②かせい ③星 ④星 ⑤土星
晴…①は ②せいてん ③晴 ④晴 ⑤晴天

アドバイス

1 岩 「岩」の上部分の「山」を平たく書くように気をつけさせましょう。

2 地 「地」の左部分「土」の形に気をつけさせましょう。「地」の最後は、はねて書きます。

26 算・国・図・書・教 55〜56ページ

1 算…①さん ②さん ③ざん ④算 ⑤算
国…①くに ②こく ③こくおう ④国 ⑤国

2 図…①ず ②と ③図 ④図 ⑤図
書…①か ②しょ ③書 ④書 ⑤書
教…①おし ②きょう ③教 ④教 ⑤教

アドバイス

1 算 「算」の「⺮」を「艹」としないように気をつけさせましょう。

2 図 「図」は形のとりにくい漢字です。一画ずつ丁寧に書かせましょう。

書 「書」の上部分の書き順（コ ⺕ ⺕ ⺕ 聿）に気をつけさせましょう。

27 行・来・回・言・聞 57〜58ページ

1 行…①い（ゆ） ②おこな ③こう ④行 ⑤行
来…①く ②らいげつ ③らいねん ④来 ⑤来年

2 回…①まわ ②にかい ③回 ④回 ⑤五回
言…①い ②げん ③言 ④言 ⑤一言
聞…①き ②ぶん ③聞 ④聞 ⑤聞

アドバイス

1 行 「行う（おこなう）」の送りがなに気をつけさせましょう。

2 聞 「聞」の「耳」の形に気をつけさせましょう。

28 丸・新・古・太・細 59〜60ページ

1 丸…①まる ②まる ③がん ④丸 ⑤丸
新…①あたら ②あら ③しんねん ④新 ⑤新年

2 古…①ふる ②こ ③古 ④古本 ⑤古
太…①ふと ②たい ③太 ④太 ⑤太
細…①ほそ ②こま ③細 ④細 ⑤細

アドバイス

2 細 「細」には四つの訓読みがあります。読み方と送りがなに気をつけさせましょう。

㉙ 牛・鳥・米・麦・広 61〜62ページ

1 牛…①うし ②ぎゅう ③ぎゅう ④牛 ⑤牛

鳥…①とり ②どり ③はくちょう ④鳥 ⑤白鳥

2 米…①こめ ②ぐ ③米 ④米 ⑤米

麦…①むぎ ②こむぎ ③麦 ④麦 ⑤麦

広…①ひろ ②こうだい ③広 ④広 ⑤広大

アドバイス

1 牛 「牛」の真ん中の縦画は、上につき出して書きます。気をつけさせましょう。

鳥 「鳥」の六画目を書き忘れないようにやさせましょう。

㉚ 冬・雪・明・色・台 63〜64ページ

1 冬…①ふゆ ②ふゆやす ③とう ④冬休 ⑤冬

雪…①ゆき ②ゆき ③せつじゃ ④雪 ⑤雪

2 明…①あか ②めい ③明 ④明 ⑤明

色…①いろ ②にしょく ③色 ④三色 ⑤色

台…①だい ②だい ③台 ④台 ⑤四台

アドバイス

1 冬 「冬」の四・五画目の点の向きに気をつけさせましょう。

㉛ 自・体・首・多・少 65〜66ページ

1 自…①みずか ②じ ③し ④自 ⑤自

体…①からだ ②たい ③たい ④体 ⑤体

2 首…①くび ②しゅ ③首 ④首 ⑤首

多…①おお ②た ③多 ④多 ⑤多

少…①すく ②しょうねん ③少 ④少 ⑤少女

アドバイス

1 自 「自ら」の送りがなのつけ方に気をつけさせましょう。

㉜ 曜・週・公・活・刀 67〜68ページ

1 曜…①にちようび ②げつようび ③かようび ④水曜日 ⑤木曜日

週…①こんしゅう ②せんしゅう ③しゅう ④一週 ⑤週

2 公…①こう ②こうつう ③公 ④公立 ⑤公

活…①せいかつ ②かっき ③生活 ④活 ⑤活気

刀…①かたな ②ぼくとう ③刀 ④木刀 ⑤刀

アドバイス

1 曜 「曜」は画数が多い漢字です。一画ずつ丁寧に書かせましょう。

週 「週」の「辶」（しんにょう）は三画で書きます。気をつけさせましょう。

2 刀 「刀」は「力」と形が似ています。気をつけさせましょう。

㉝ 二年のかん字 先どりテスト 69〜70ページ

1 ①じ ②くに ③おね ④おか ⑤ぎゅう ⑥こう ⑦じ ⑧ふる ⑨おし ⑩ころ

2 ①すく・しょうねん・すこ ②だい・ふと

3 ①冬 ②図 ③週 ④鳥 ⑤聞 ⑥曜 ⑦母 ⑧首 ⑨雪 ⑩算 ⑪星

4 ①細か ②親し ③新し

アドバイス

2 ①「少ない（すくない）」と「少し（すこし）」の読みと送りがなのつけ方に気をつけさせましょう。

3 □の中の漢字をよく見て、一画ずつ丁寧に書かせましょう。

4 ①「細い」とすると「ほそい」と読むことにも気をつけさせましょう。

②「親たしい」「親い」、③「新たらしい」「新い」とならないように気をつけさせましょう。